最強“バネ筋”を手に入れる「スポーツ鍼」入門

幻冬舎MC

最強〝バネ筋〟を手に入れる「スポーツ鍼」入門

Prologue

オリンピック、ワールドカップ、世界選手権……世界の舞台で華々しく活躍する一流アスリートたちが取り入れているボディメンテナンスの一つが「スポーツ鍼灸」です。陸上競技をはじめ水泳、サッカー、野球など多くの種目で、鍼灸師の国家資格を持つトレーナーたちが国内外の試合や遠征に同行し、選手をサポートしています。近年では、日本や中国などアジア諸国にとどまらず、欧米の選手にもスポーツ鍼灸によるケアが浸透し始めています。

鍼を用いた治療は、筋肉に直接刺激を与え、疲労やコリを解消したり、その人の持てる最大のパフォーマンスを引き出す効果が期待できます。さらに、筋肉や関節の痛みの緩和、けが・故障の予防といったことも得意分野です。

こうした鍼による治療は、アスリートだけでなくスポーツ愛好家にとっても有効なボディケアの一つです。

そこで本書では、鍼灸マッサージなど数ある治療法の中から、まだ一般の人にはあまり知られていないスポーツ鍼のアプローチ方法を分かりやすく紹介します。

今は人生１００年時代。スポーツ鍼を活用することで、何歳になっても「スポーツを楽しめる身体」を手に入れてください。

目次

Part 2

全身の筋肉を徹底図解！

〝バネ筋〟を手に入れるスポーツ鍼の基礎知識

Part
3

自分史上最強パフォーマンスを発揮する!

スポーツ別　バネ筋メソッド

Part 4

故障の痛みを取り除き、筋肉本来のパフォーマンスを取り戻す

スポーツ障害別　バネ筋アプローチ

Part
1

一流アスリートは“バネ”が違う

筋肉の張りをやわらげ
可動域を広げるスポーツ鍼とは

〝バネのある筋肉〟が故障を防ぎ、最高のパフォーマンスを引き出す！

力強い動きをつくるのは全身の筋肉

走る、跳ぶ、投げる、蹴る、打つ、泳ぐ――。アスリートたちの身体から生まれる見事なパフォーマンスは、観る人たちを魅了します。その躍動感あふれる力強い動きをつくっている要素の一つが、筋肉です。

私たち人間の身体には６００を超える筋肉があります。このうち骨や関節を支え、身体の動きをつくっているのが骨格筋です。骨格筋には、身体の表面近くにある大きい筋肉から関節まわりの小さい筋肉までさまざまなものがあり、多くの筋肉がバランスよく連動することで、私たちは思い通りに動くことができます。

〝バネ筋〟づくりに役立つ「スポーツ鍼」

トップアスリートが各競技で優れた成果を挙げられるのは、競技に関わる筋肉が強くしなやかで、激しい練習にも負けない回復力のある〝バネのような筋肉〟を持っているからです。反対に、各部位の筋肉のバランスが崩れていたり、疲労や凝りで硬さがあったりすると、思うような動きができないだけでなく、けがや故障のリスクも高まります。

選手が力を発揮するためにも、一般の人がスポーツを楽しむためにも〝バネ筋〟は重要で、それに近づくボディメンテナンスの一つにスポーツ鍼があります。

スポーツで思うような成果を挙げるには、しなやかで動きがよく、疲労からの回復力も高い“バネのような筋肉”が重要になる。

一流アスリートが採用！
競技スポーツを支える「スポーツ鍼」とは？

東京オリンピック出場選手も鍼を活用

競技スポーツの頂点といえば、オリンピック・パラリンピックです。この世界的な国際大会に出場する超一流のアスリートの中で、スポーツ鍼を取り入れている選手は珍しくありません。例えば、東京２０２０オリンピック大会に出場が決まっている陸上・短距離走の選手は、学生時代から鍼を取り入れ、疲労回復や痛みのコントロール等に活用しています。また歴代の大会でも、競泳や陸上、スケート、ゴルフ、テニス、バドミントンなどのメダリスト&トップ選手たちが、スポーツ鍼でケアをしていたことが知られています。

トップ選手たちに評価されるスポーツ鍼

トップ選手が採用しているスポーツ鍼とは、どのようなものでしょうか。

簡単にいうと、東洋医学に基づく鍼治療を中心にストレッチ、マッサージなどを用い、スポーツをする人の心身のケアをする手法です。

プロ競技選手の国際大会やオリンピックの日本代表合宿などは、鍼灸師のスポーツトレーナーが同行し、鍼による治療やリハビリ、コンディショニングを行う例がよくあります。選手たちの素晴らしい活躍を陰で支えているのが、スポーツ鍼といえます。

スポーツ鍼灸のテーマ

目的

競技力向上
健康保持推進
外傷・障害の治療
外傷・障害の予防
症状の改善

競技レベル

トップアスリート
アスリート
スポーツ愛好家
初心者

種目

陸上競技
サッカー
野球
ゴルフ など

年齢

発育期の障害
中高年期の障害

障害部位

腰
膝
肩関節
下腿《かたい》
足関節 など

性差

運動性無月経
月経前症候群

スポーツ鍼灸が扱うのは治療だけにとどまらない。さまざまな種目、年齢・性別、競技レベルの人に対し、ストレッチやマッサージなども用いて心身のケアを行う。

１９９０年代に広まったスポーツ鍼　近年は市民ランナーや学生にも身近に

鍼の効果を知る世代が、各競技の指導者に

日本のスポーツ界で「鍼」が活用されるようになったのは１９９０年代といわれています。１９９３年にサッカーのＪリーグが開幕、１９９８年には長野冬季オリンピックが開催され、社会のスポーツへの関心が一段と高まったのがこの時期です。その中でスポーツによるけがの治療や痛みの緩和、コンディショニング等で、鍼の効果が注目されるようになりました。

現在は、１９９０年代以降に選手としてスポーツ鍼を体験した世代が指導者になっていることも多く、陸上や競泳、サッカー、野球など多くのプロ競技で、スポーツ鍼が取り入れられています。

各地で広がる「スポーツ鍼灸ボランティア」

さらに近年は、学生スポーツやスポーツ愛好家にもスポーツ鍼を活用する人は増えています。

特に各地のマラソン大会では、地域の鍼灸関連団体が中心となってブースを設置し、競技の前後に市民ランナーに無料でスポーツ鍼やストレッチ、マッサージを施す「スポーツ鍼灸ボランティア」を行っています。Ｊリーグの試合会場などでも同様の活動が行われており、プロ・アマの区別や年齢・性別を問わず、多くの人にとってスポーツ鍼は身近になりつつあります。

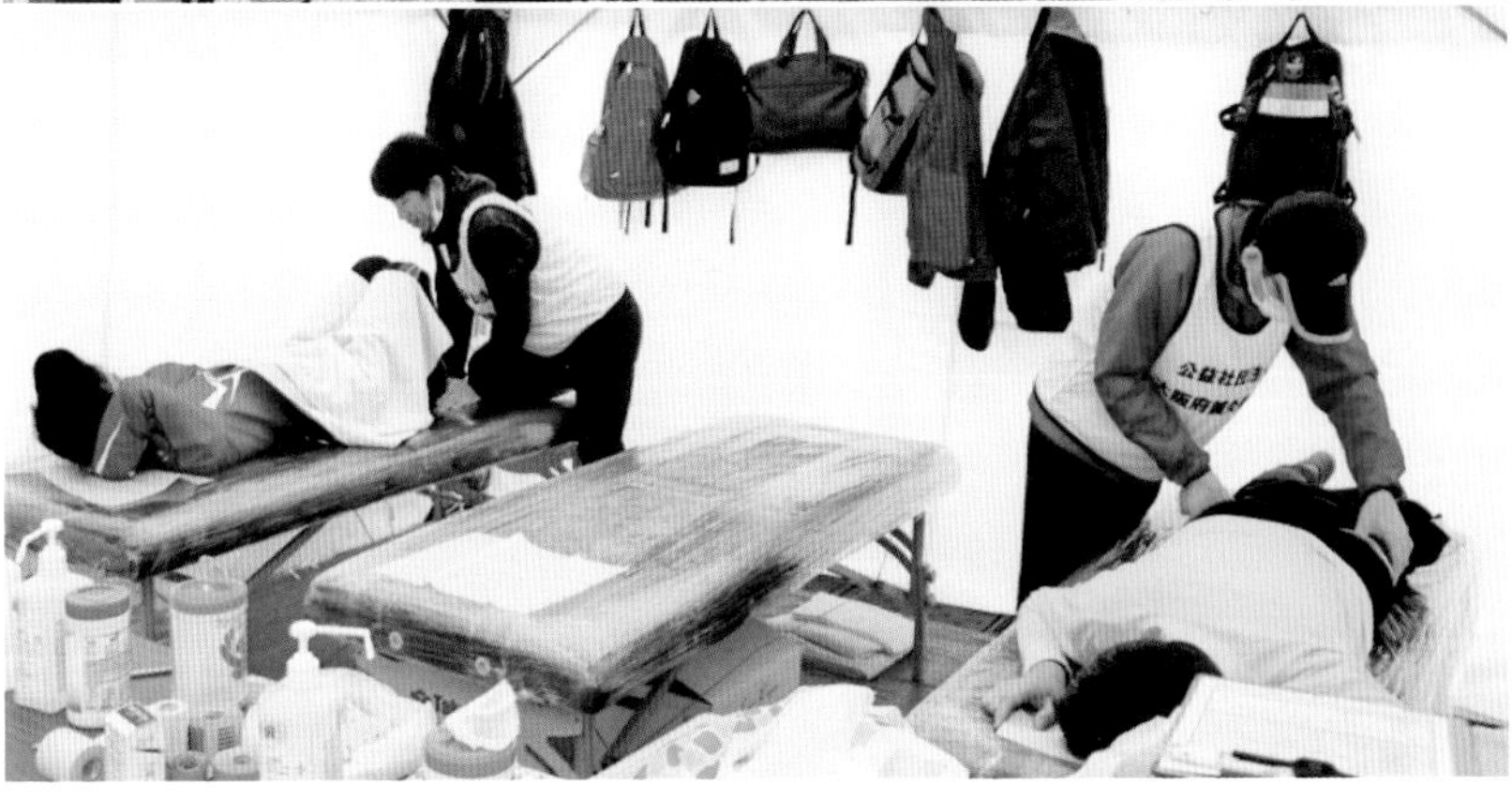

上：マラソン大会における、鍼メーカーのスポーツ鍼灸ボランティアの様子。広く鍼の魅力を普及する。

下：クロスカントリー大会における、大阪府鍼灸師会による施術の様子。子どもから年配の方までが「楽になった」と効果を実感。

※個人の感想です。効果や感じ方には個人差があります。

ＷＨＯも注目する鍼治療
海外でもさまざまな分野で鍼を活用

世界的に再評価が進む鍼治療

「鍼」は、もともと紀元前の中国に起源を持つ伝統医療です。日本に入ってきたのは6世紀ごろですが、明治になると民間医療という位置づけになりました。鍼治療は、経験のない人には「鍼は痛そう」「効果が不明」というイメージを持たれがちですが、この数十年で、鍼灸治療のメカニズムやエビデンス（西洋医学的な科学的根拠）についての研究が進み、鍼灸の評価は世界的に高まっています。

ＷＨＯ（世界保健機関）では鍼灸治療の適応となる43の疾患を発表しており、２０１９年にはＷＨＯが定める「国際疾病分類（ＩＣＤ）」に、鍼灸を含む伝統医学の章が追加されました。

欧州サッカーでも鍼への注目が上昇

実際に鍼は、アメリカなど各国でも病気・けがの治療、高齢者のヘルスケア、スポーツなど、さまざまな分野で活用されています。イギリスやドイツ、イタリアなどでも鍼灸治療は非常に盛んで、日常的な健康管理にも用いられています。

近年では欧州サッカーなど海外の選手の間でも、スポーツ鍼に対する注目度は高まっています。

海外の展示会における日本の鍼メーカーのブースの様子。日本や中国だけでなく、欧米各国でも鍼治療は注目度が高い。

体調管理やメンタルケアに役立つ「経穴（ツボ）」を知っておくと便利

睡眠や食欲などを調整する施術も

スポーツ鍼は筋肉へのアプローチが中心になりますが、鍼灸師のトレーナーが選手をケアするときには、筋肉以外の場所に施術を行うこともあります。

試合前に緊張を取り、よく眠れるようにする、疲労で食事が進まないときに食欲を増進させる、寒い季節に免疫力を高め、風邪などの感染症を予防するといったことも重要なコンディショニングの一つです。そうした体調管理やメンタルケアが必要なときには、東洋医学の基本的な治療箇所である経絡《けいらく》や経穴（ツボ）に鍼治療を行います。

経穴（ツボ）刺激はセルフケアでもできる

東洋医学では、人の身体には「気血《きけつ》」というエネルギーが循環していると考えられており、その流れが何らかの理由で滞ると病気や不調が起こるとされています。

経絡《けいらく》とは気血《きけつ》が流れる通路のようなものです。全身には主に12あり、それぞれに所属する臓腑《ぞうふ》に作用しています。そしてそれらの要所で身体の表面にあるのが経穴（ツボ）です。ここに鍼や指圧などを施すと気血《きけつ》の流れが整い、不調が改善します。経穴（ツボ）の刺激は、セルフケアで行うこともできます。体調管理やメンタルケアに役立つ経穴（ツボ）を覚えておくと便利です。

全身を巡る主な12の経絡《けいらく》

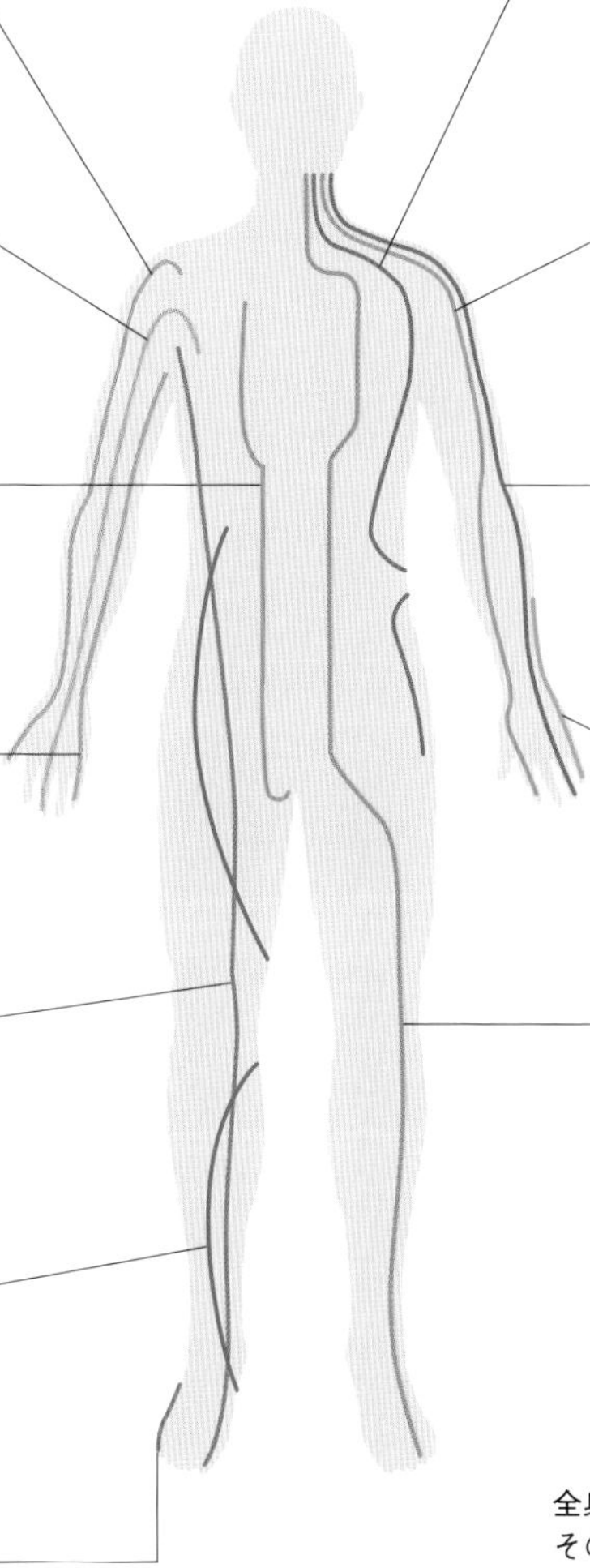

肺経《はいけい》
肺・鼻・皮膚

心経《しんけい》
心臓・舌・眼・腋窩

腎経《じんけい》
腎臓・副腎・咽喉・
鼻・眼・大脳・耳

心包経《しんぽうけい》
心臓・血管・ストレス

脾経《ひけい》
脾・膵・胃・
関節・精神・鼻

肝経《かんけい》
肝臓・眼・肋間・
筋肉・生殖器・子宮

膀胱経《ぼうこうけい》
膀胱・足臂・眼・耳・
脳・鼻・脳下垂体

胆経《たんけい》
胆嚢・頭・眼・
耳・筋

大腸経《だいちょうけい》
大腸・口・鼻・
肩・皮膚

三焦経《さんしょうけい》
リンパ管・耳・眼・
肩・皮膚

小腸経《しょうちょうけい》
小腸・眼・耳

胃経《いけい》
胃・口・咽喉・歯・
眼窩・乳腺・関節

全身には主に12の経絡《けいらく》があり、その要所にあるのが経穴（ツボ）。経穴（ツボ）に働きかけることで内臓の働きや血流がよくなり、心身の調子が整う。

※経絡は左右対称にある

スポーツ鍼の効果

筋肉に直接アプローチして、パフォーマンスを向上させる

さまざまな競技のトップ選手がスポーツ鍼を取り入れているのは、ほかのボディメンテナンス法にはない、スポーツ鍼に特有の効果・メリットがあるからです。

そこでスポーツ鍼の効果について順に紹介します。

①筋肉をほぐし、関節の可動域を広げる

スポーツ鍼の一つ目の効果は、身体の奥の筋肉にも直接アプローチできることです。

筋肉は、表面に近いところから身体の奥のインナーマッスルまで、幾重にも重なっています。マッサージなどでは表層に近い筋肉の手当はできますが、深層の筋肉にはなかなかケアが及びません。

問題となっている筋肉をほぐし、関節の可動域を広げることで、結果的にスポーツのパフォーマンスの向上につながります。

②筋肉の血流をよくして早期に疲労を回復

スポーツ鍼の二つ目の効果は、筋肉の疲労回復効果が高いことです。筋肉は疲労すると血管が圧迫され、さらに血流が悪くなるという悪循環が起こります。

このとき鍼の刺激によって筋肉をゆるめると、血管の圧迫が取れて血流が改善します。血流がよくなると疲労物質が流されて回復が早まり、ハードな練習が続くときにも体力を維持しやすくなります。

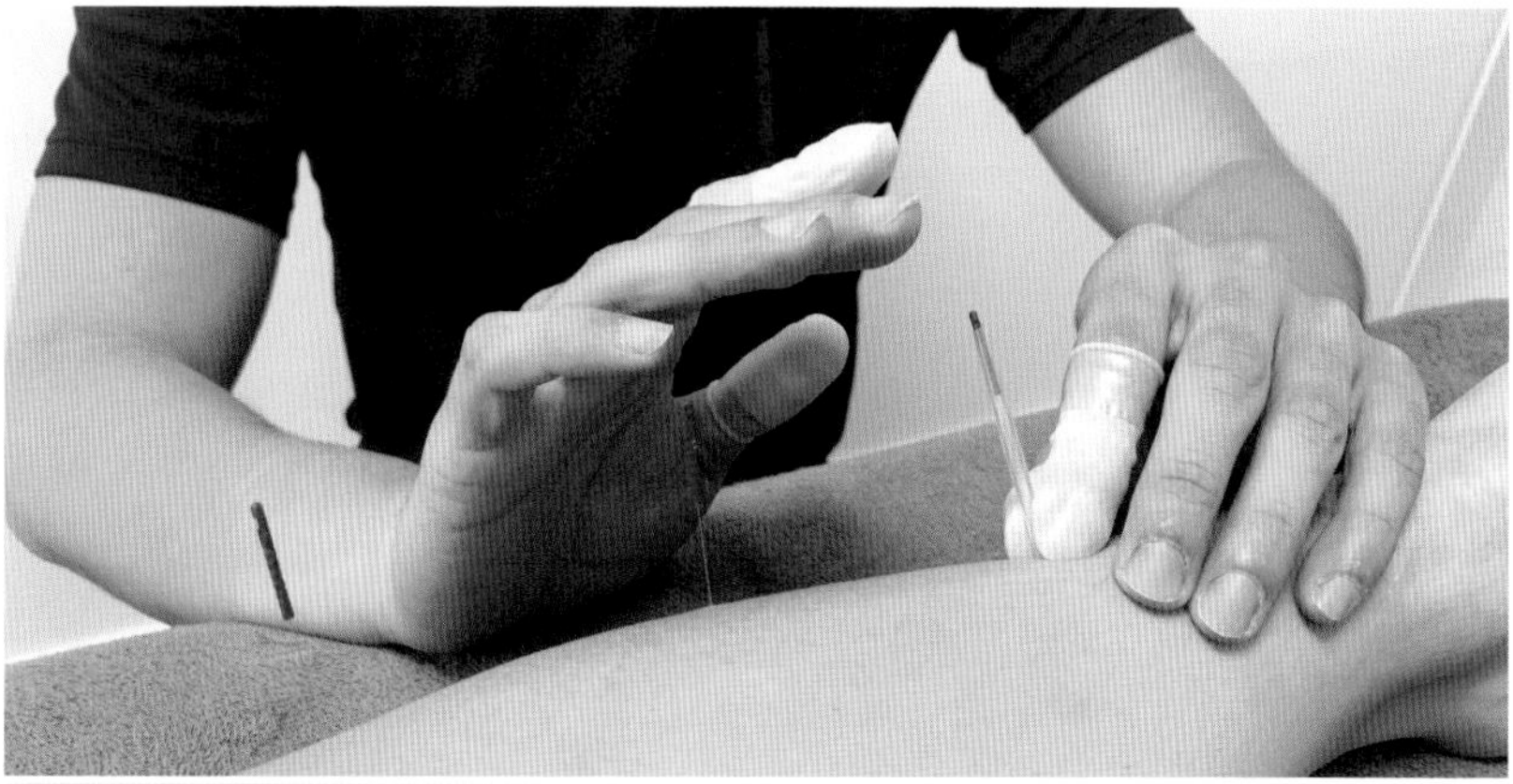

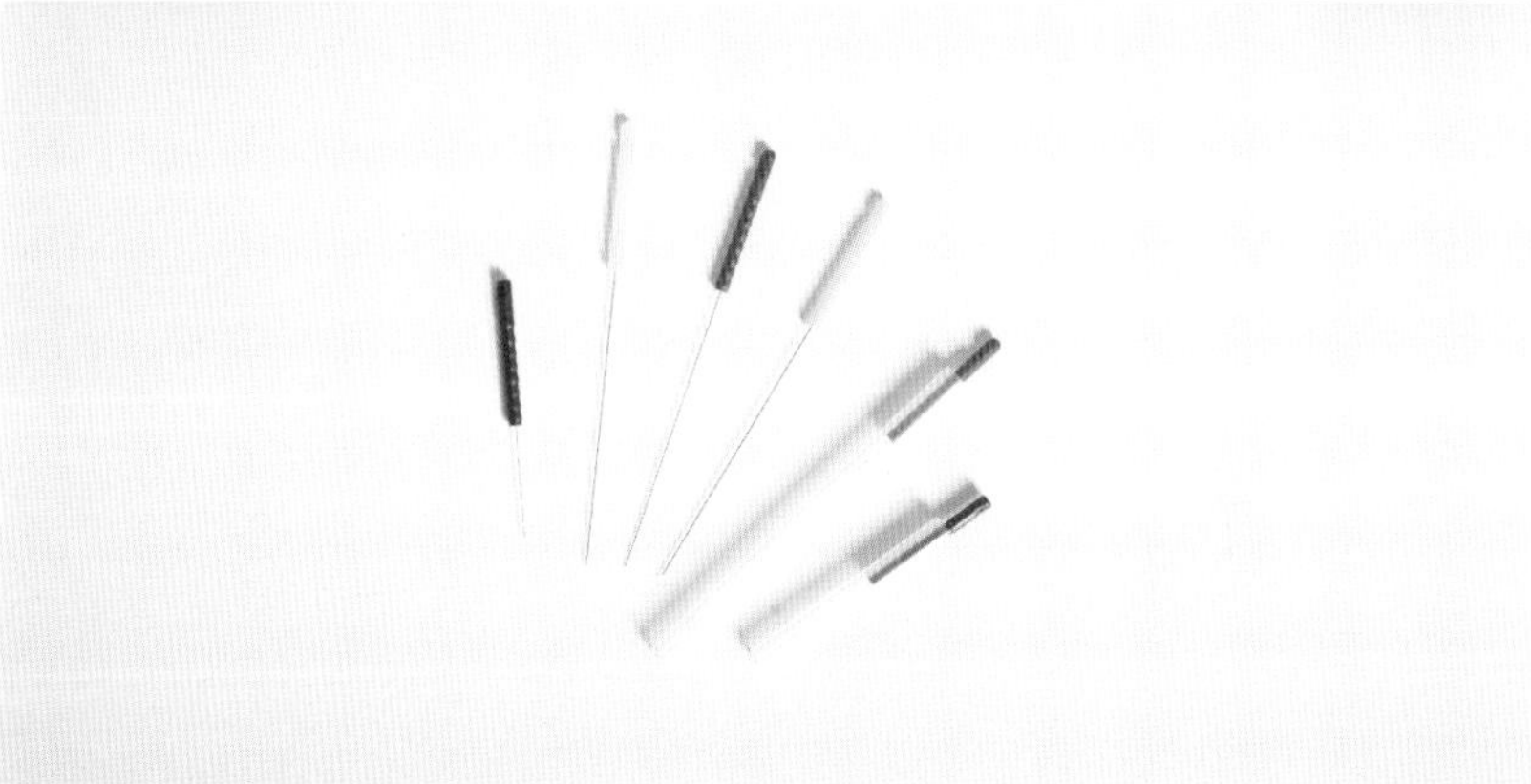

スポーツ鍼で使用するのは直径0.10～0.20mmの髪の毛ほどの細い鍼。個包装した使い捨てタイプの滅菌済み鍼のため衛生的。

※使用している鍼は医家向けであり、市販品ではありません。一般の人は購入しての使用はできません。

スポーツ鍼の効果

痛みのケアやスポーツ障害の治療・予防も得意

③痛みやけがの治療・予防ができる

スポーツ鍼の三つ目の効果は、運動によって生じる痛みやけがの治療・予防です。例えば、足首を捻挫したときは患部の組織に炎症が起き、むくみや腫れが生じます。炎症があるときにはマッサージなどはできず、冷やして回復を待つ場合も少なくありません。しかしスポーツ鍼では、患部の周囲に鍼をして炎症を鎮め、回復にかかる時間の短縮も期待できます。軽い痛みや違和感を覚えた段階で鍼によるケアを行うと、大きなけがや故障の予防にもなります。また慢性化した痛み（疼痛《とうつう》）に対しても、鍼は高い効果があることが確認されています。

④国家資格を持つ専門家が、その人に合わせてケア

スポーツ鍼の施術を行うのは、鍼師・灸師の国家資格を持つ治療家です。経絡《けいらく》や経穴（ツボ）をはじめとした東洋医学の知識と、筋肉や関節、神経などの西洋医学の知識を併せ持つ専門家が、その人の年齢・性別、骨格や筋肉のつき方、競技レベル、練習内容などを総合的に判断し、一人ひとりに最適なケアを行います。

また鍼は管理医療機器ですが、鍼灸師や医師による指導で、競技者や一般の人が自身で鍼を活用することもできます。

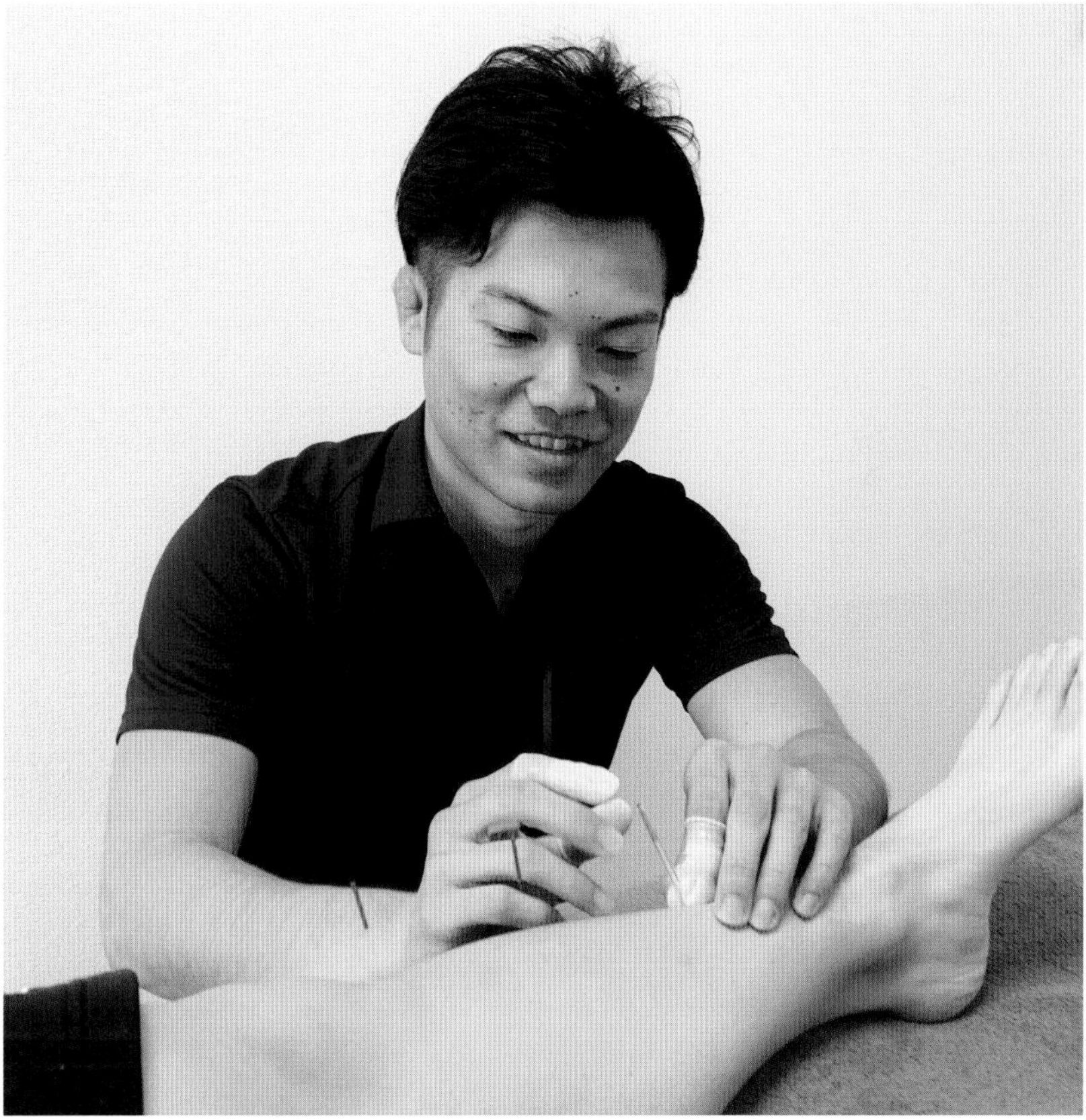

競技の前後に試合会場などで場所を
選ばず施術ができるのもスポーツ鍼
の利点。治療中は、感染症を防ぐた
め指サックや手袋を使用することも。

※使用している鍼は医家向けであり、市販品ではありません。一般の人は購入しての使用はできません。

Part
2

全身の筋肉を徹底図解！

“バネ筋”を手に入れるスポーツ鍼の基礎知識

スポーツ鍼でボディケアをする前に、全身の筋肉について知ろう

狙った筋肉を意識してケアを行うことが重要

スポーツ鍼は、筋肉を鍼で刺激することで、疲労や痛みを改善したり、筋肉や関節の動きをよくしたりして、その人の運動能力を引き出す効果が期待できます。スポーツ鍼を効果的に活用するには、全身の主な筋肉や身体の構造についても知っておくといいでしょう。

本章では、スポーツでよく使う主な筋肉を図解で紹介します。自分が取り組んでいる競技・スポーツでよく使う筋肉を確認しておきましょう。スポーツ鍼やストレッチを行うときには、狙った筋肉を意識してケアをすることが重要です。

筋肉を知れば、競技力向上にも効果

人間の骨格筋には、大小いろいろな大きさがあり、形や機能もさまざまです。

例えば、身体のなかでも特に大きい筋肉の一つが、太もも前面にある大腿四頭筋《だいたいしとうきん》です。この筋肉は膝を伸ばして身体を支える抗重力筋《こうじゅうりょくきん》で、サッカーなどで急な方向転換をするときにも重要な働きをします。また胸部にある大胸筋《だいきょうきん》や肩を包む三角筋《さんかくきん》は、野球などの投球動作に関わる筋肉です。ここが柔らかく動きがよいと力を効率よくボールに伝えられます。各部の筋肉を知ることは、競技力向上にも役立ちます。

上半身前面（押す動作）の筋肉グループ

大胸筋
三角筋
上腕三頭筋
前腕伸筋群
腹筋群
ほかに、小胸筋・前鋸筋など

上半身後面（引く動作）の筋肉グループ

僧帽筋
広背筋
上腕二頭筋
前腕屈筋群
脊柱起立筋
ほかに、菱形筋・大円筋など

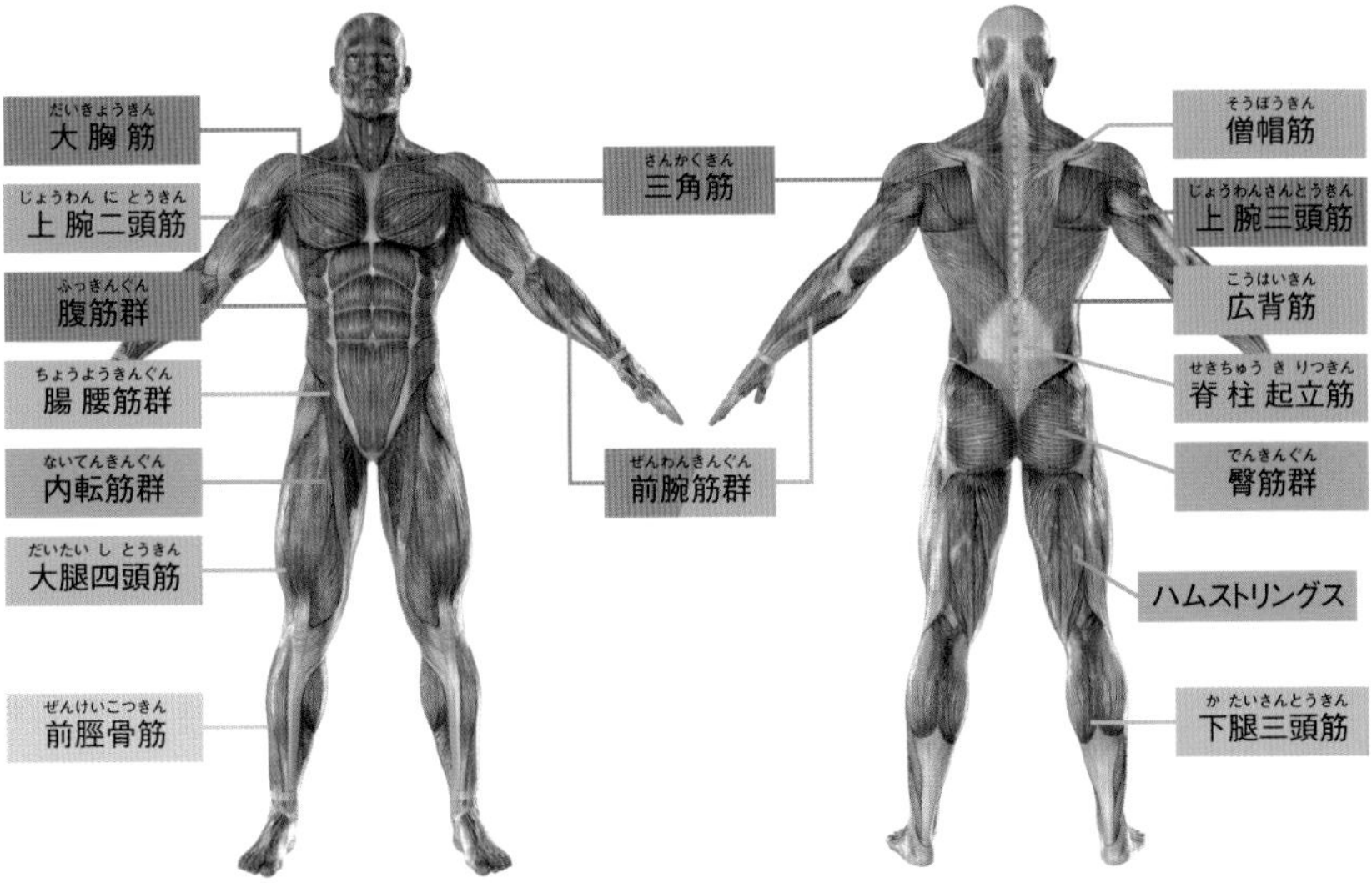

下半身前面（押す動作）の筋肉グループ

腸腰筋群
大腿四頭筋
下腿三頭筋

下半身後面（引く動作）の筋肉グループ

臀筋群
ハムストリングス
内転筋群

主な骨格筋は、その機能と協働関係から上図のようにグループ分けができる。各部位の筋肉とその動きを合わせて理解しよう。

上半身前面（押す動作）の筋肉グループ

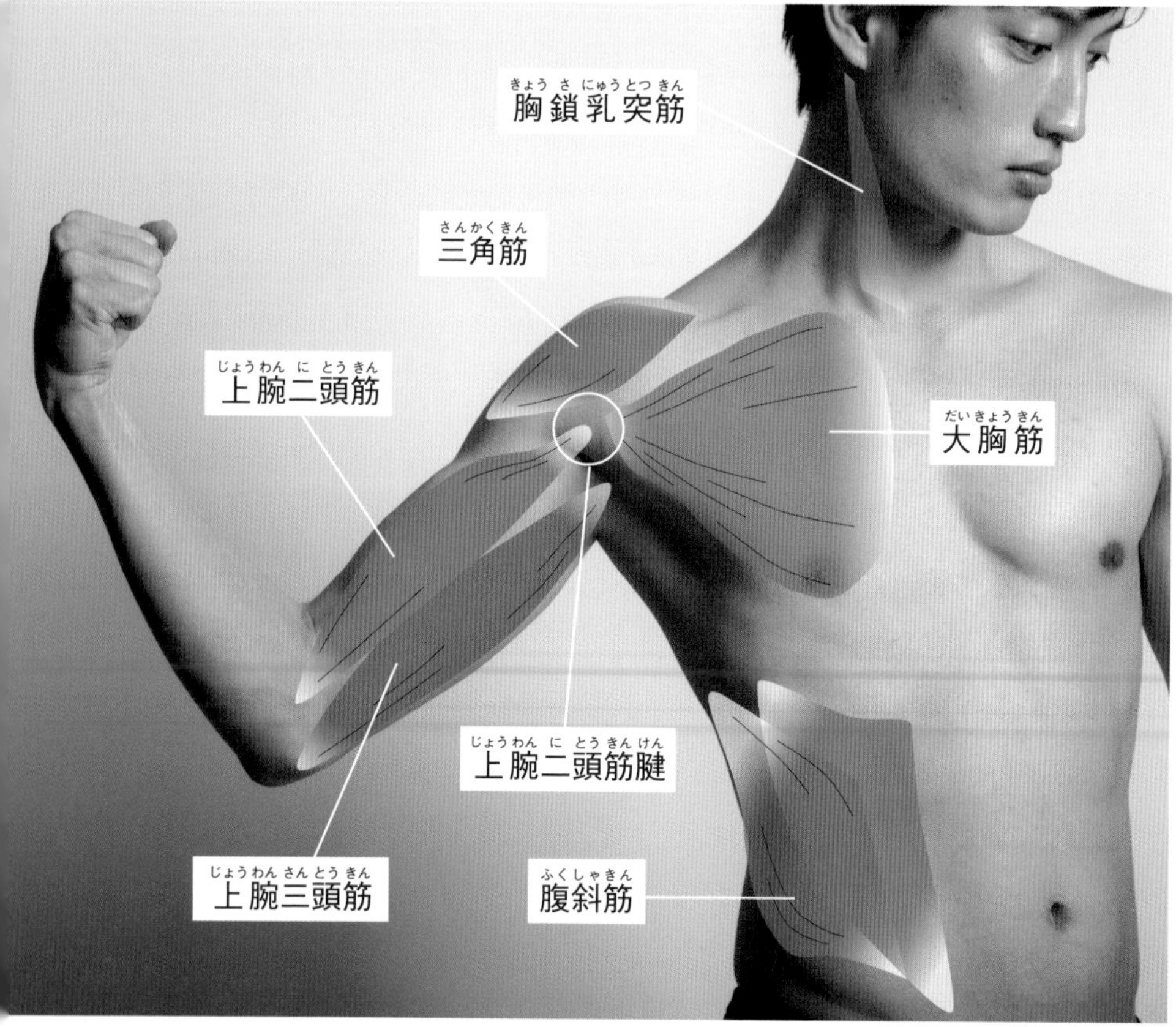

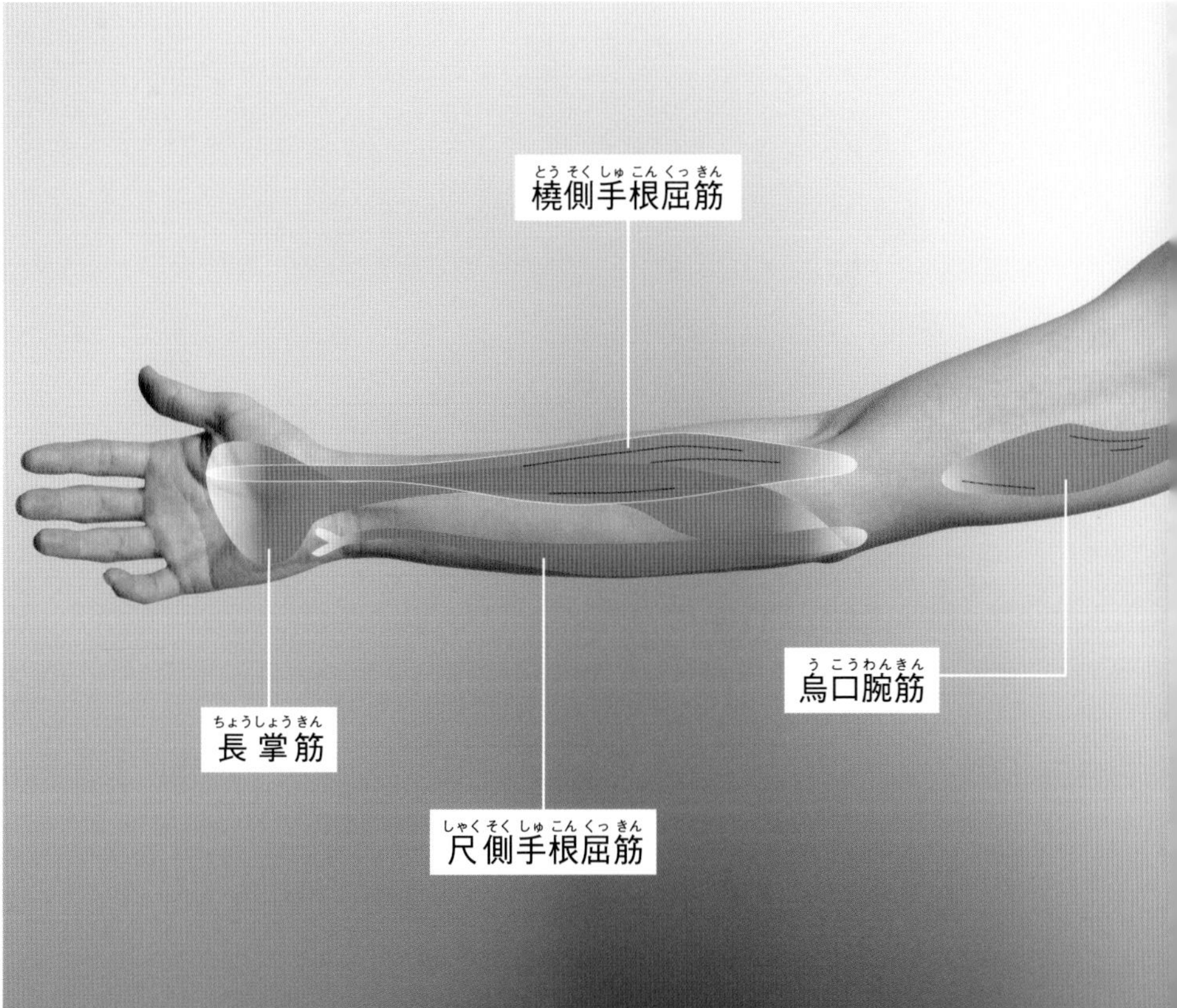
橈《とう》側《そく》手《しゅ》根《こん》屈《くっ》筋《きん》
烏《う》口《こう》腕《わん》筋《きん》
長《ちょう》掌《しょう》筋《きん》
尺《しゃく》側《そく》手《しゅ》根《こん》屈《くっ》筋《きん》

上半身後面（引く動作）
の筋肉グループ

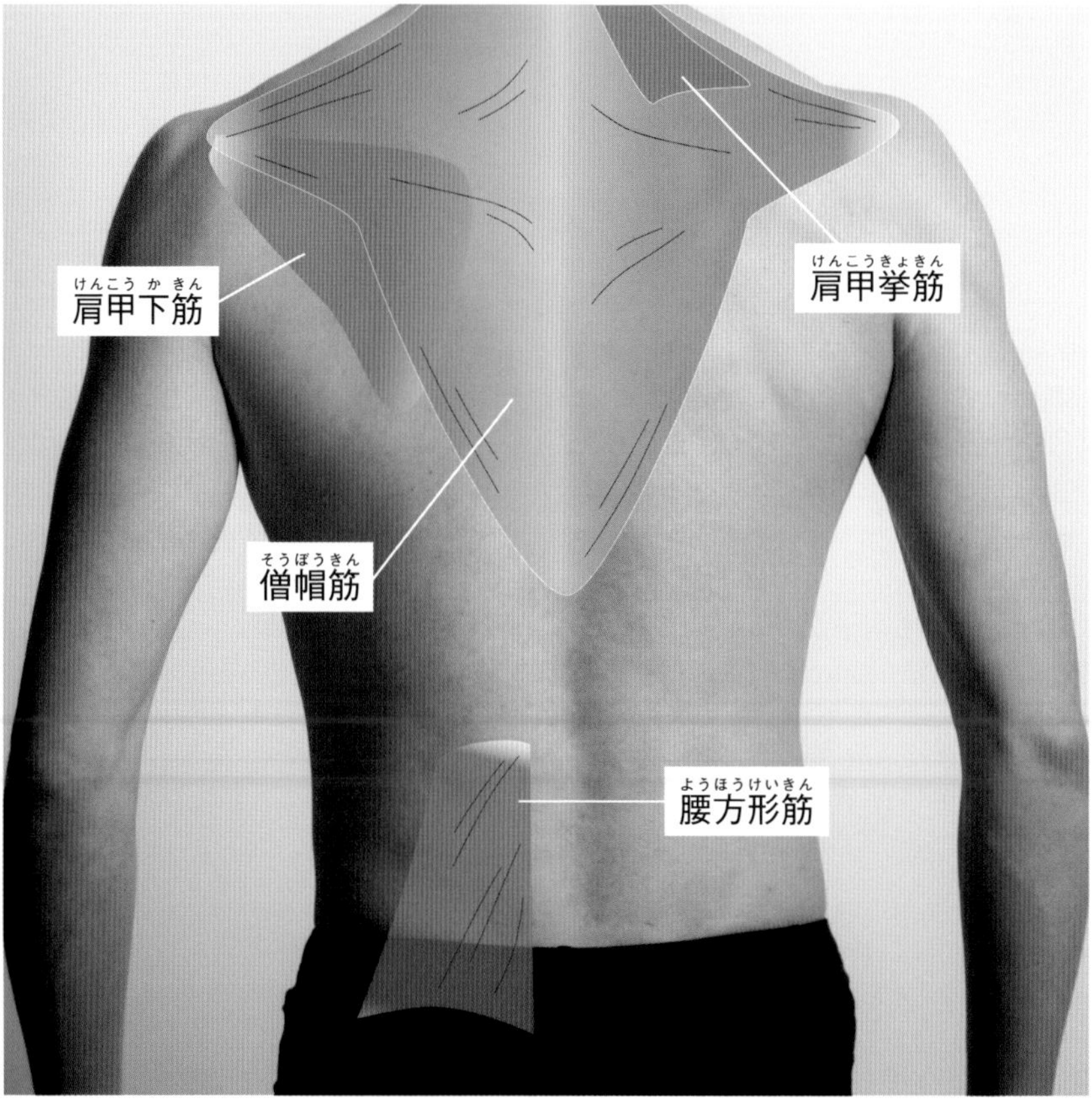

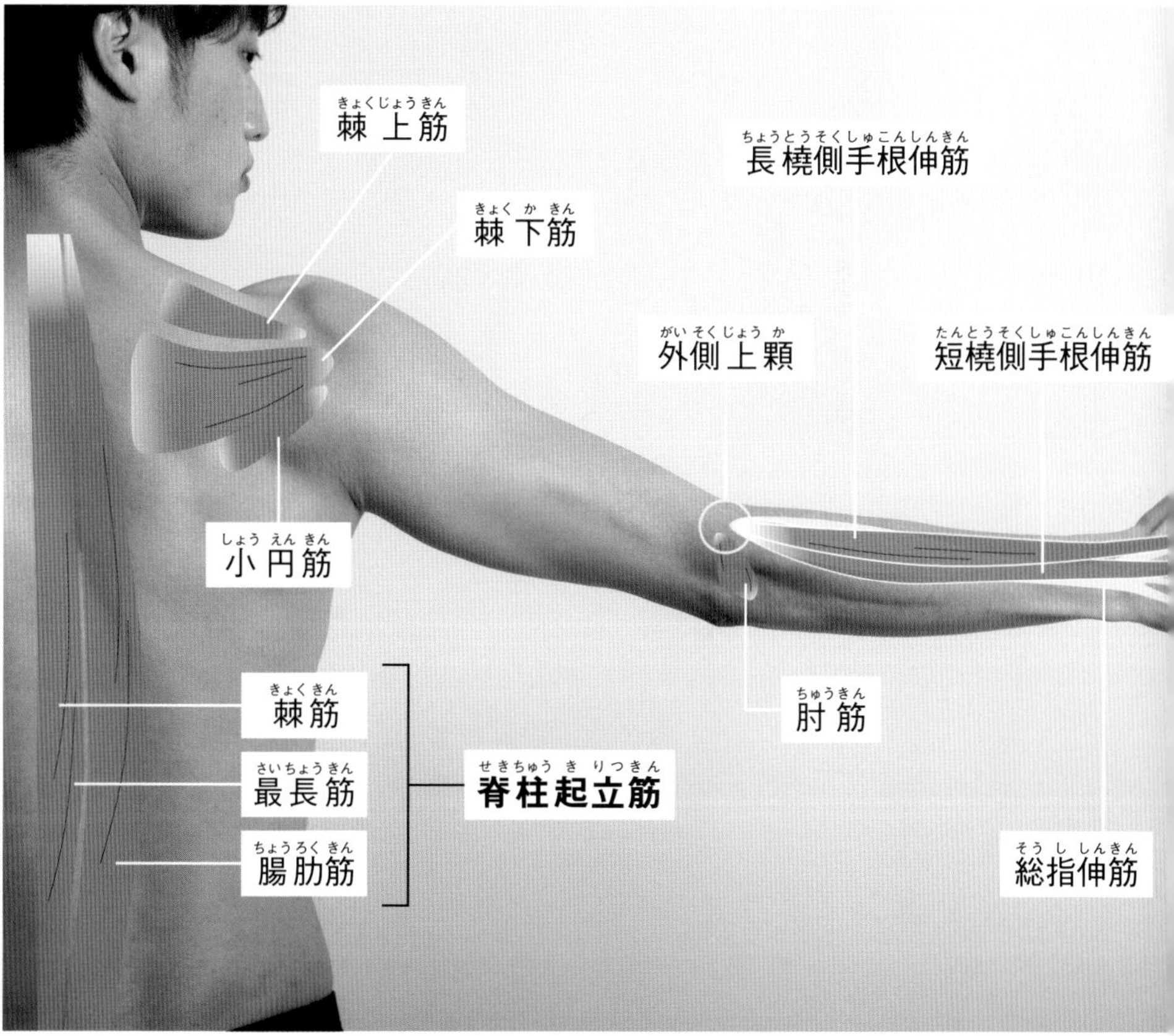
棘上筋《きょくじょうきん》
棘下筋《きょくかきん》
長橈側手根伸筋《ちょうとうそくしゅこんしんきん》
外側上顆《がいそくじょうか》
短橈側手根伸筋《たんとうそくしゅこんしんきん》
小円筋《しょうえんきん》
棘筋《きょくきん》
最長筋《さいちょうきん》
腸肋筋《ちょうろくきん》
脊柱起立筋《せきちゅうきりつきん》
肘筋《ちゅうきん》
総指伸筋《そうししんきん》

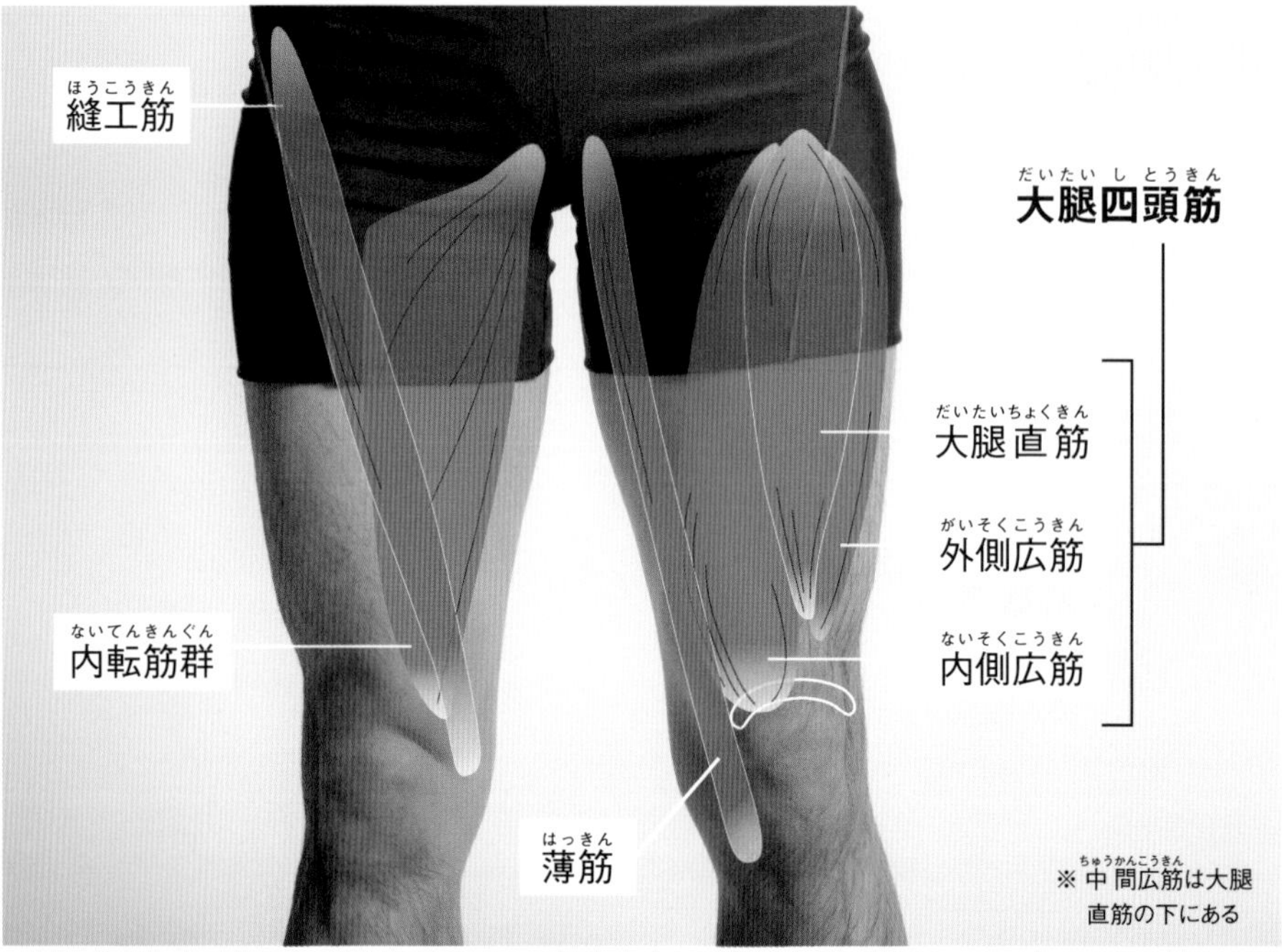

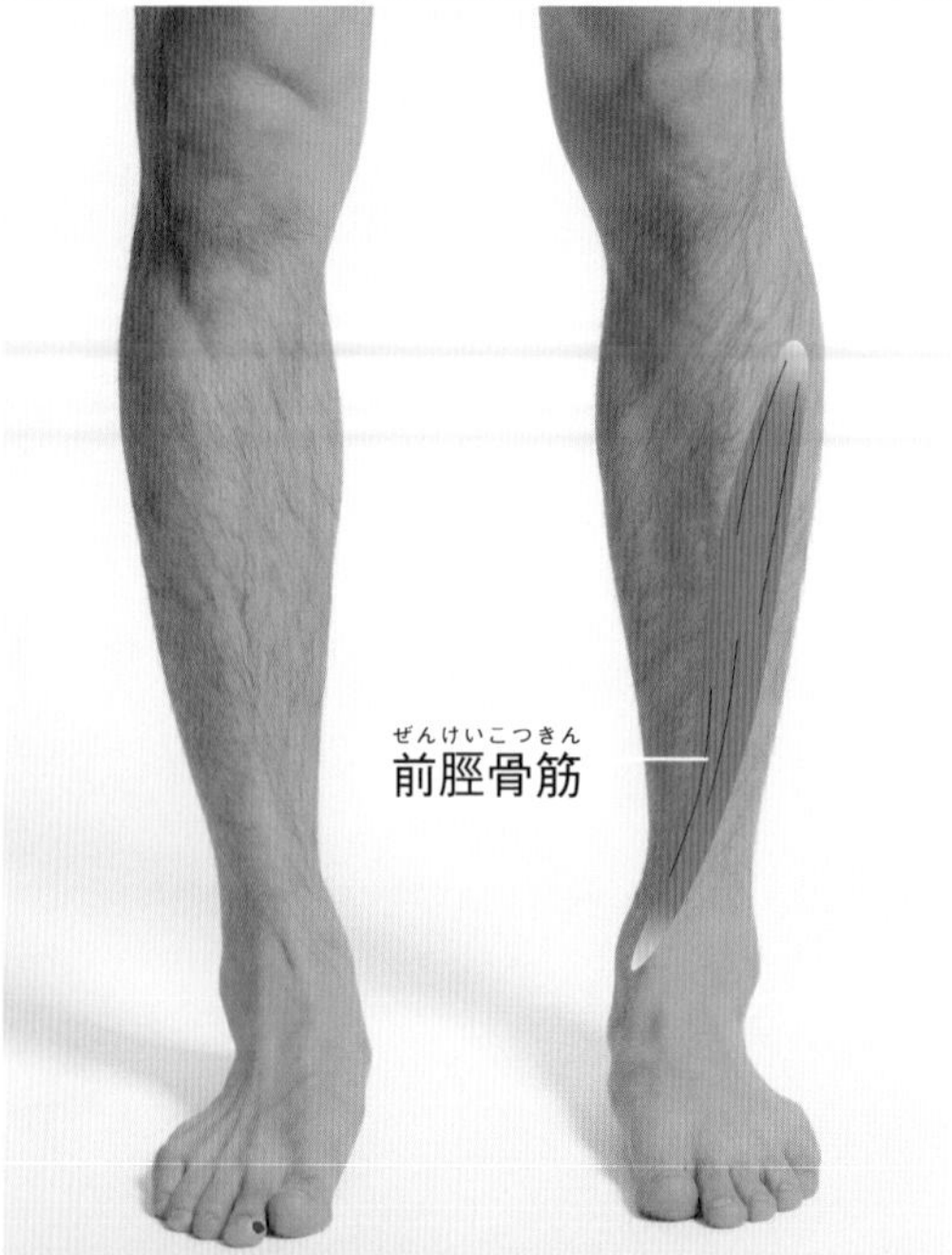

下半身前面（押す動作）の筋肉グループ

下半身後面
（引く動作）
の筋肉グループ

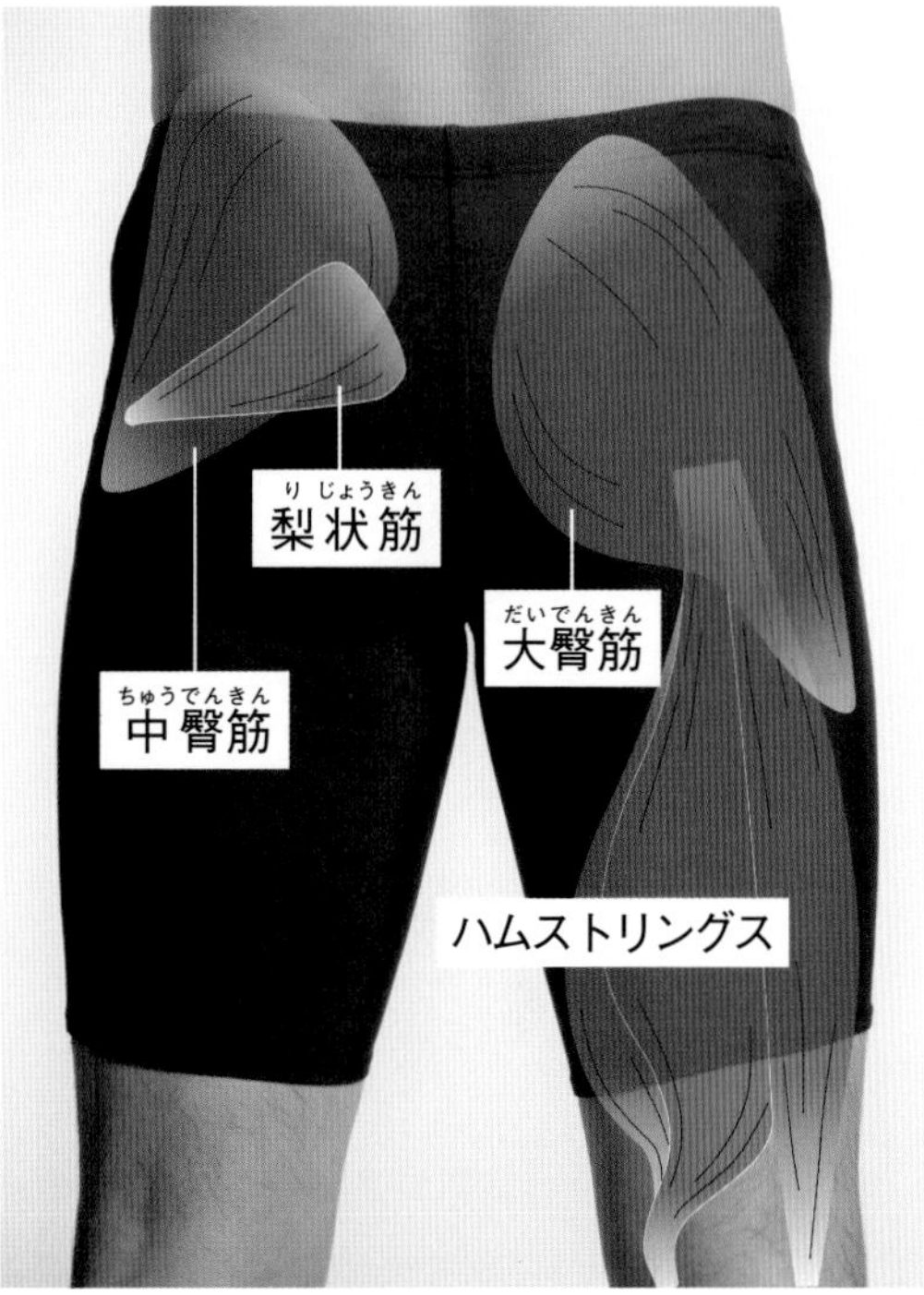

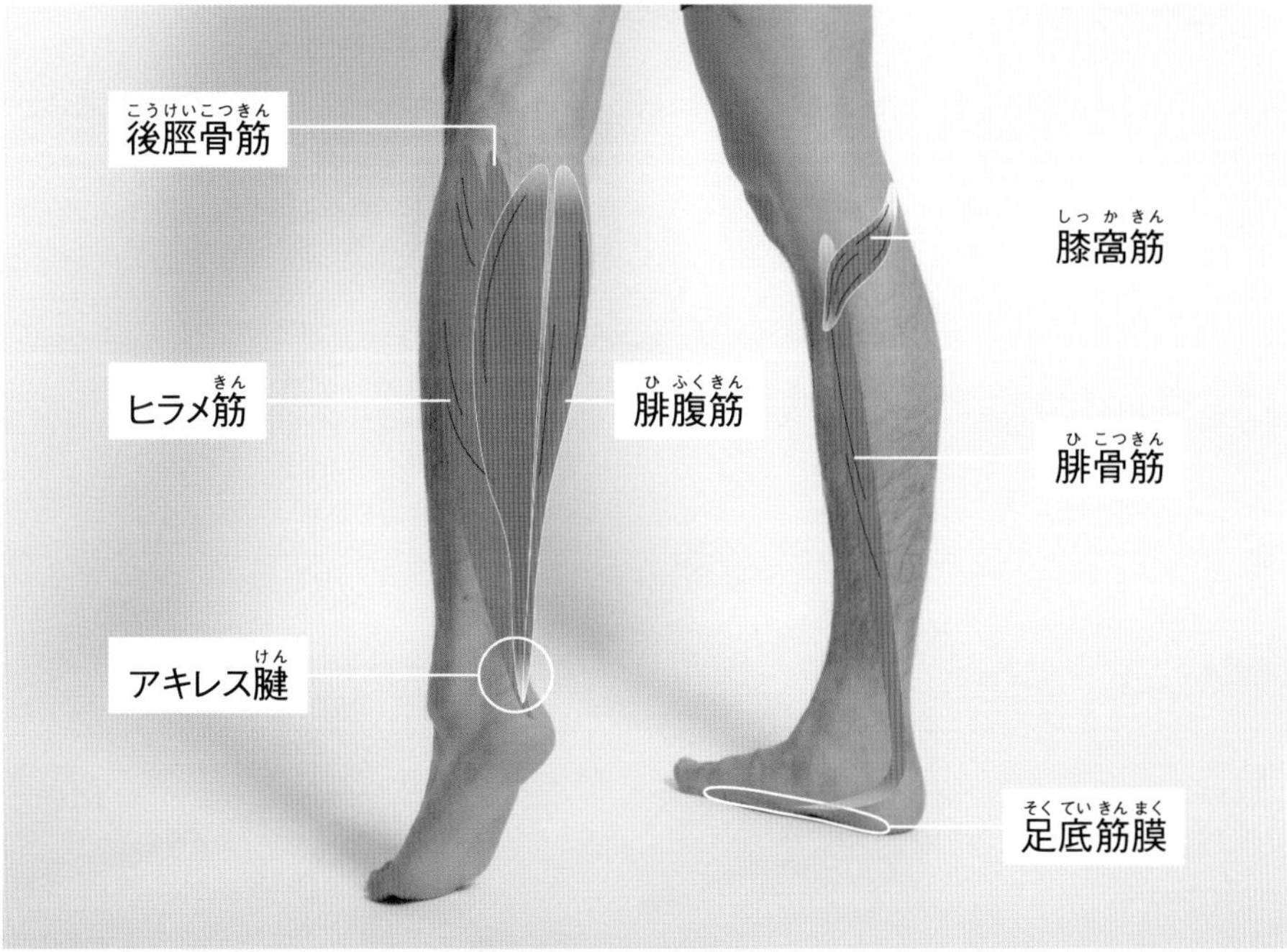

Part
3

自分史上
最強パフォーマンス
を発揮する！

スポーツ別
バネ筋メソッド

鍼を使用しての刺激の方法、使用する鍼の種類はさまざま

鍼だけの刺激と、電気を使った刺激

本章では、スポーツ鍼について具体的に紹介します。

まず鍼で筋肉を刺激する方法は、鍼だけを使う方法と鍼に電気を流す方法（電気鍼）があります。

鍼を筋肉に刺すと血管が拡張し、血流が増加します。

鍼だけを使う場合は、受ける人の感受性や治療目的に合わせて、刺してすぐに抜く、しばらくとどめるなどをして刺激します。

電気鍼を行うときは、鍼を刺した状態で電気を流します。電気の周波数も目的（筋肉の緊張緩和、炎症を抑える、痛みを鎮める）に合わせて調節します。電気鍼は筋肉の疲労や凝りを改善し、身体機能の向上、血行の促進なども期待できます。

皮膚に貼り付けて使う鍼もある

一般的に使われる鍼は、直径0.14～0.20㎜、長さ30～60㎜、髪の毛と同じくらいの細さで、直接筋肉を狙って刺して用いる「毫鍼《ごうしん》」です。

また、円形の医療用粘着テープの中心に直径0.11～0.20㎜、長さ0.3～1.5㎜の小さな鍼がついた「円《えん》皮《ぴ》鍼《しん》」もあります。これは皮膚に貼り付けたまま痛みが少なく動くことが可能で、疲労をやわらげる効果が期待できます。

毫鍼《ごうしん》

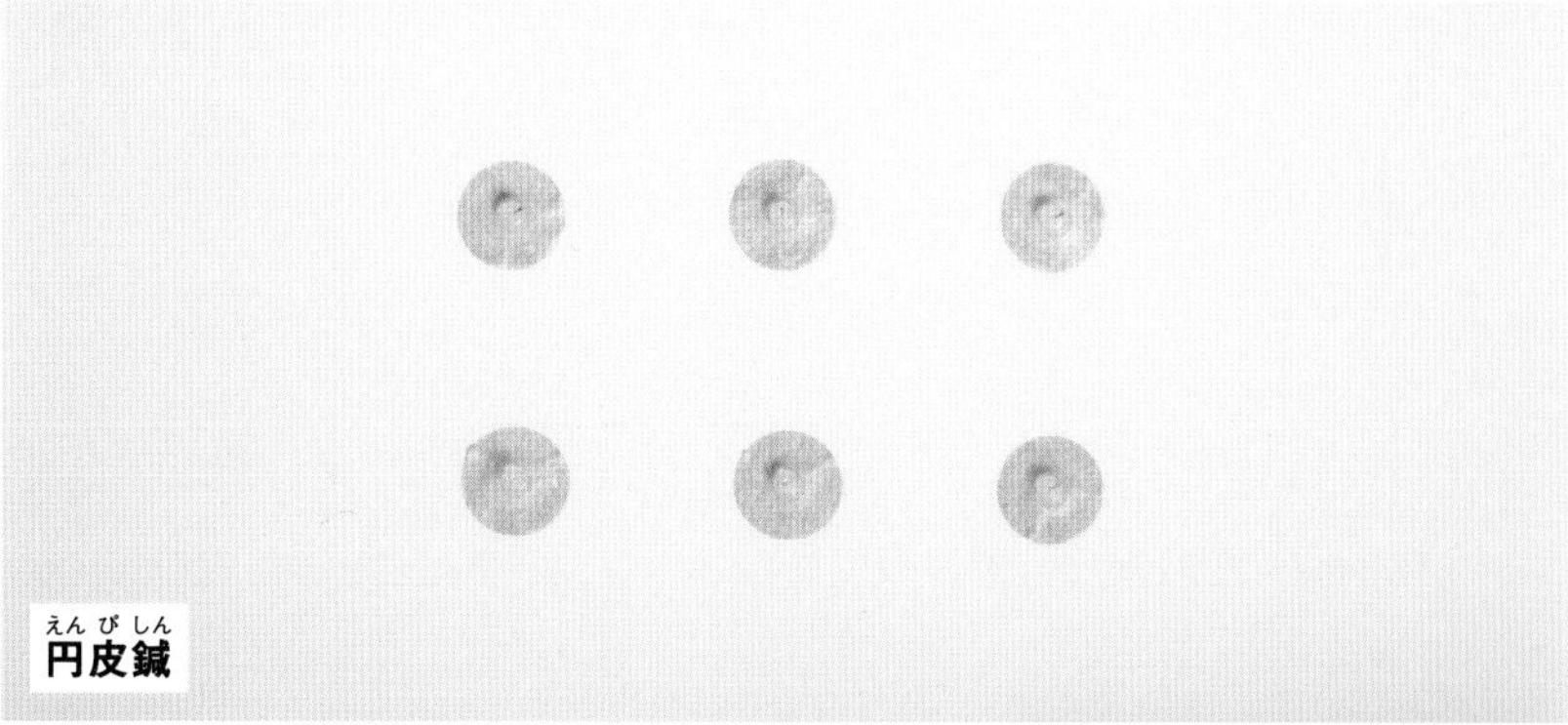

円皮鍼《えんぴしん》

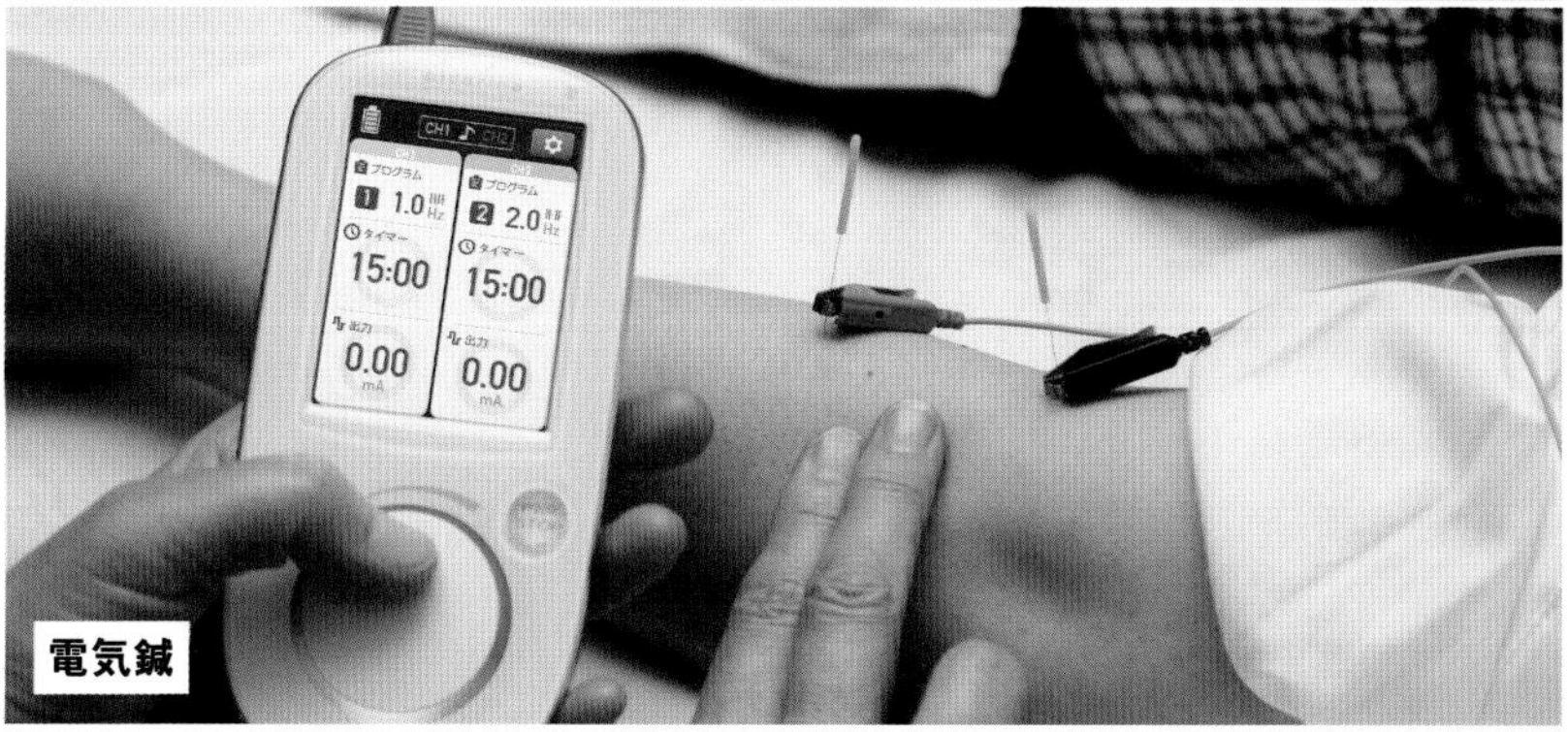

電気鍼

電気鍼は、別名、鍼通電、鍼通電療法とも言われます。電気鍼には、0.20mm以上の鍼を使用する事とされています。

鍼の長さや細さには多くの種類がある。鍼の先端の形状も、刺すときの抵抗が少ない設計に。鍼は使い捨てが主流になっており衛生面も安心。

※使用している機器は医家向けであり、市販品ではありません。一般の人は購入しての使用はできません。

スポーツ鍼の施術の流れは、問診（評価）・鍼治療・確認（再評価）

痛みや張りを調べながら治療する

スポーツ鍼を施す場合、一般的な施術の流れは次のようになります。

①痛みや張りがある部位を問診し、どのような動き、タイミングで症状が出るのか確認します（膝が痛いという症状でも腫れや熱感の有無、安静時に痛いか屈伸すると痛いかなどを聞き、痛みの原因を調査）。

②原因と思われる筋肉の部位に、鍼治療を行います。

③最初と同じ状態で患部の痛み・張りを確認します（ここで痛み・張りが残る場合は、症状が出るポジションのままで再度鍼を打つこともある）。

治療のあとに、好転反応が出ることも

鍼治療では治療時に「ズンと重だるい刺激がある」「鍼を打った部位とは違うところにピリッと感じる」「勝手に筋肉が動く」など、独特の〝響く〟感覚が出ることがあります。これは決して悪い反応ではなく、鍼治療の反応が著しく現れている状態です。

また鍼治療の反応で、その部位に痛みや熱感、だるさが現れることもあります。これも治療で血流が増えたために一時的に起こる好転反応ですが、このようなときはコップ一杯の水を飲む、30分ほど仮眠をとるなど、安静を保って身体の回復をサポートします。

スポーツ鍼灸　問診内容一覧

□	どこに（筋肉か骨か関節か）痛みがあるか？	→鍼灸治療が適切かどうか最初の見極めを行う。骨折や内科疾患・重度の筋損傷が疑われる場合は病院を受診する必要がある。
□	いつ・どこで・何をしたら・どこが痛くなったか？	→痛みや症状が出てきた経過を、順にたどりながら詳しく聞いていくことで現状把握を行う。
□	何をすると痛いか？	→スポーツの特定動作を行うときに痛い・日常生活で痛い・何もしなくても痛い、など痛みを感じる動作を確認することで、部位と患部の状態を特定する。
□	どんなふうに痛いか？	→治療が適切かどうかを見極めるために、ズキズキ・チクチク・重だるいなど痛みの度合いを本人の言葉で表現してもらう。
□	腫れ・熱感・傷（擦傷《さっしょう》・裂傷《れっしょう》）など触診・視診で異常があるか？	→見た目に異常があるか確認する。異常がある場合、治療の前後で変化があるかどうかを見極め、傷がある場合は原則的に患部に治療は行わない。
□	患部付近の関節に可動域制限があるか？	→患部周囲の関節に異常があるかどうか確認する。異常がある場合、関節周囲も治療を行う。
□	マッサージや鍼治療の経験があるか？	→ない場合、治療を行うことでどのような効果があるかを説明する。場合によっては数回の治療が必要な旨を伝える。
□	同じ症状でマッサージや鍼治療を受けたことがあるか？	→初めての場合は本人が不安にならないように刺激量を抑えて、身体の反応を見ながら治療を行う。

発熱時や飲酒時は、鍼治療を控える。また施術者が病院での診察が必要と判断したときは鍼治療を行わず、受診を勧めることもある。

スポーツ鍼の効果を高めるセルフケア①
「刺さない鍼・粒」で不調を予防

市販品の「刺さない鍼・粒」でセルフケアを

一般の人が自分で行えるスポーツ鍼としては、「刺さない鍼・粒」によるセルフケアもあります。

「刺さない鍼・粒」（以下、セルフ鍼と表記）とは、スポーツ鍼でも使用する円皮鍼のような形で、中央に０・３～０・５㎜ほどの金属製や樹脂製の小さな突起が付いているものです。尖った先端ではないため皮膚に刺さることはなく、押圧によって筋肉や経穴（ツボ）を刺激します。

他の人へ鍼を刺す治療行為は有資格者でしか扱えませんが、自分自身へ鍼を貼ることは問題ありません。そして、このセルフ鍼は市販されており、一般の人が簡単に使うことができます。

不調が出やすいところに貼るだけ

スポーツ鍼の理想は、週一回～月一回など定期的に鍼灸師による専門ケアを受けることですが、都合がつかない人は、セルフ鍼で日頃からセルフケアをしておくと痛みや不調の予防にもなります。

セルフ鍼の使い方は、筋肉や関節まわりの不調の出やすいところに貼っておくだけです。テープでかぶれたりしない限り、貼ったままでかまいませんが、入浴時には刺さない鍼も通常の刺す鍼と同様に外し、入浴後改めて新しい鍼を貼るようにしてください。

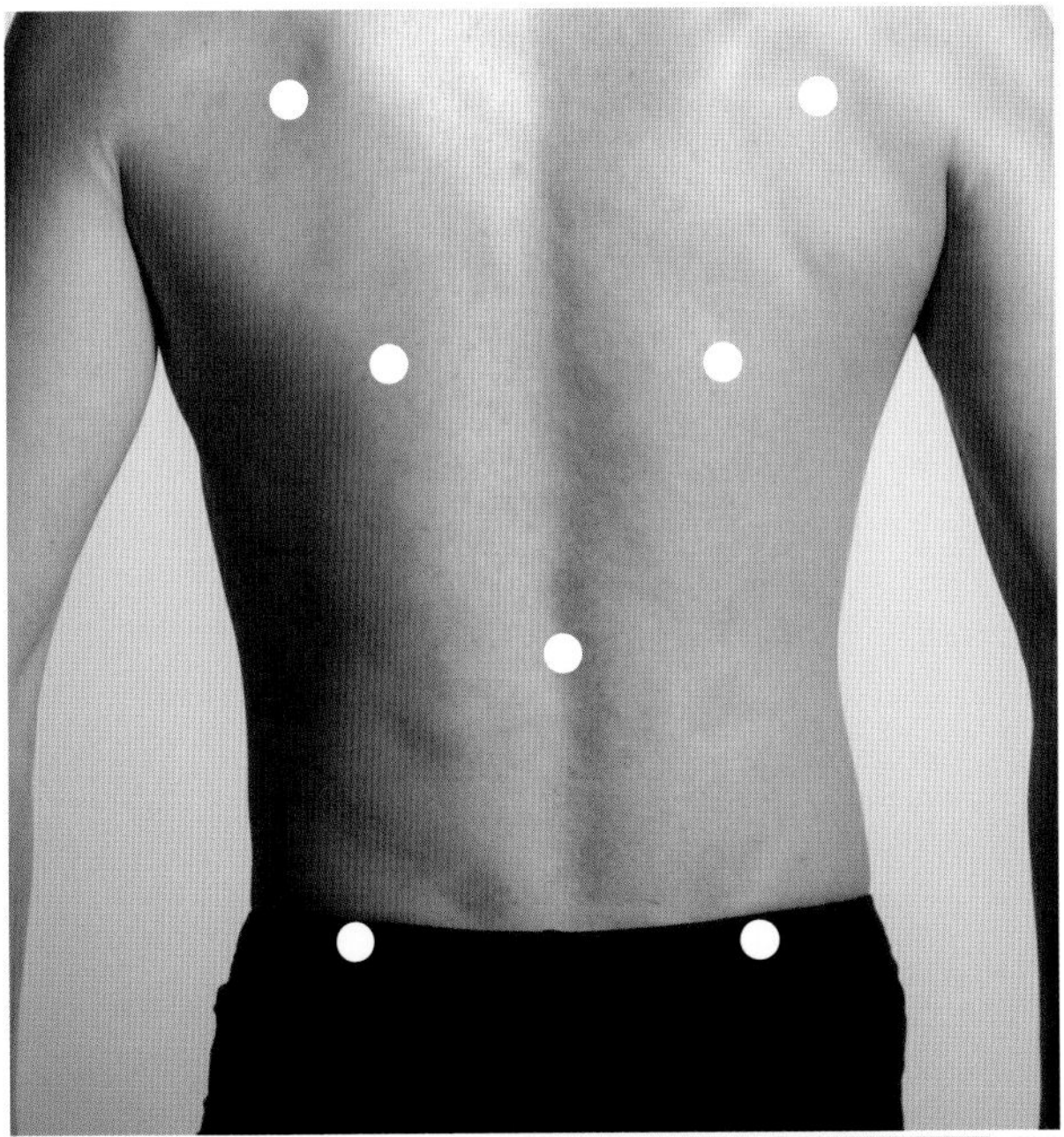

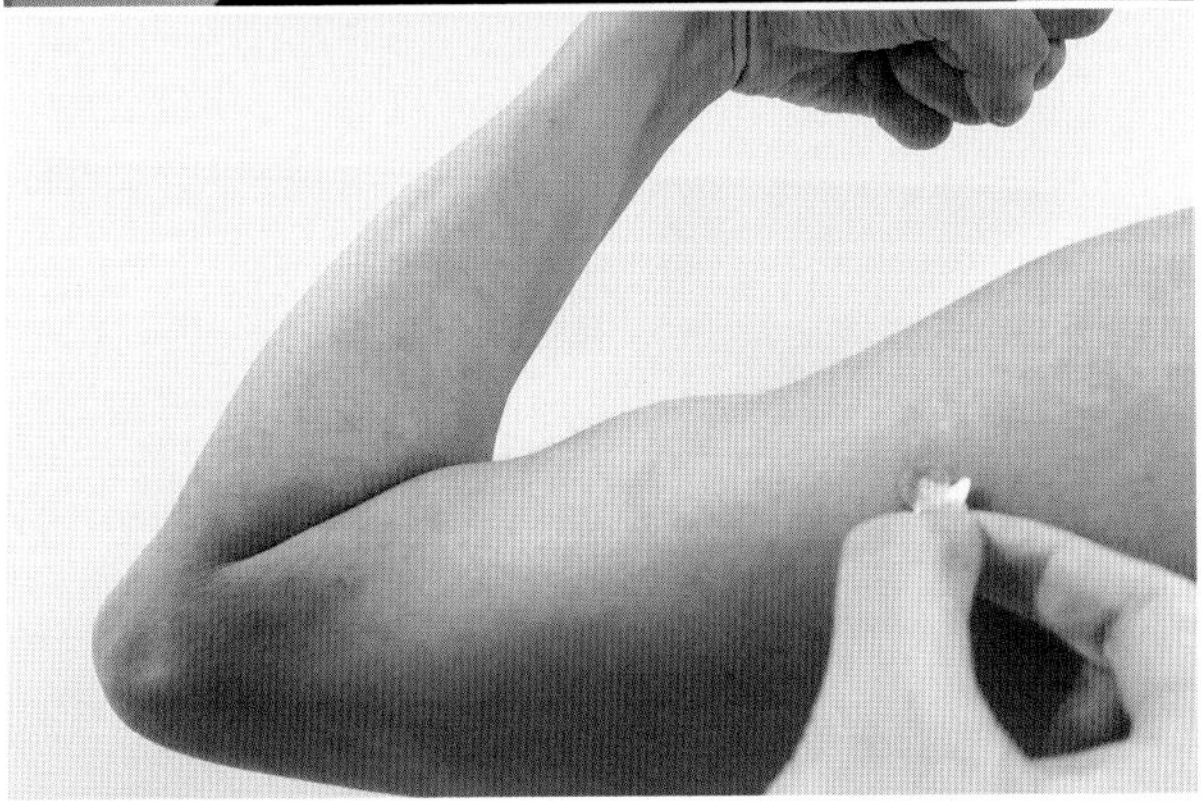

上図：白マルのような場所（背腰部）へ、セルフ鍼が使用できます。

鍼に抵抗がある人や痛みに弱い人も安心して使えるセルフ鍼。滅菌済みの個包装だから衛生的です。

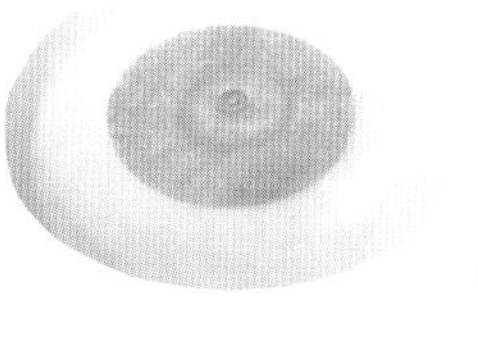

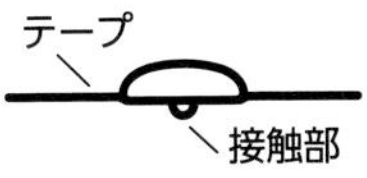

※セルフ鍼は、家庭向けと明記されているものをご使用ください。

スポーツ鍼の効果を高めるセルフケア②

「ストレッチ」は伸ばす筋肉を意識

運動の前後にはストレッチを習慣に

スポーツ鍼では、鍼灸師による鍼治療のほかに、灸治療、ストレッチ、マッサージ、温熱療法、アイシング、テーピングなどの手法を用いることがあります。本書では、鍼治療とともに一般の人が取り入れやすいボディケアとして、ストレッチを紹介します（ここで取り上げるのは、スポーツ愛好家を対象とした初級から中級レベルのストレッチです）。

ストレッチを行う目的は、①運動後の筋肉の緊張・疲労を取り除く、②運動で使う筋肉の柔軟性を高め、関節の可動域を広げる、③けが・故障を予防する、などです。

運動の前後や就寝前などにストレッチを行うのを習慣にしてください。

自然に呼吸をしながらゆっくり伸ばす

ストレッチは、次のような点に注意して行いましょう。

「息を止めない・反動をつけない」……息を止めると身体が緊張し筋肉が硬くなります。自然に呼吸をしながら、勢いや反動をつけずにゆっくり筋肉を伸ばします。

「ストレッチしている筋肉を意識する」……漫然と行うと、伸ばしたい筋肉に正しくアプローチできません。最初は10秒など短時間で行い、効果を感じられるようなら、少しずつ時間や回数を調整します。

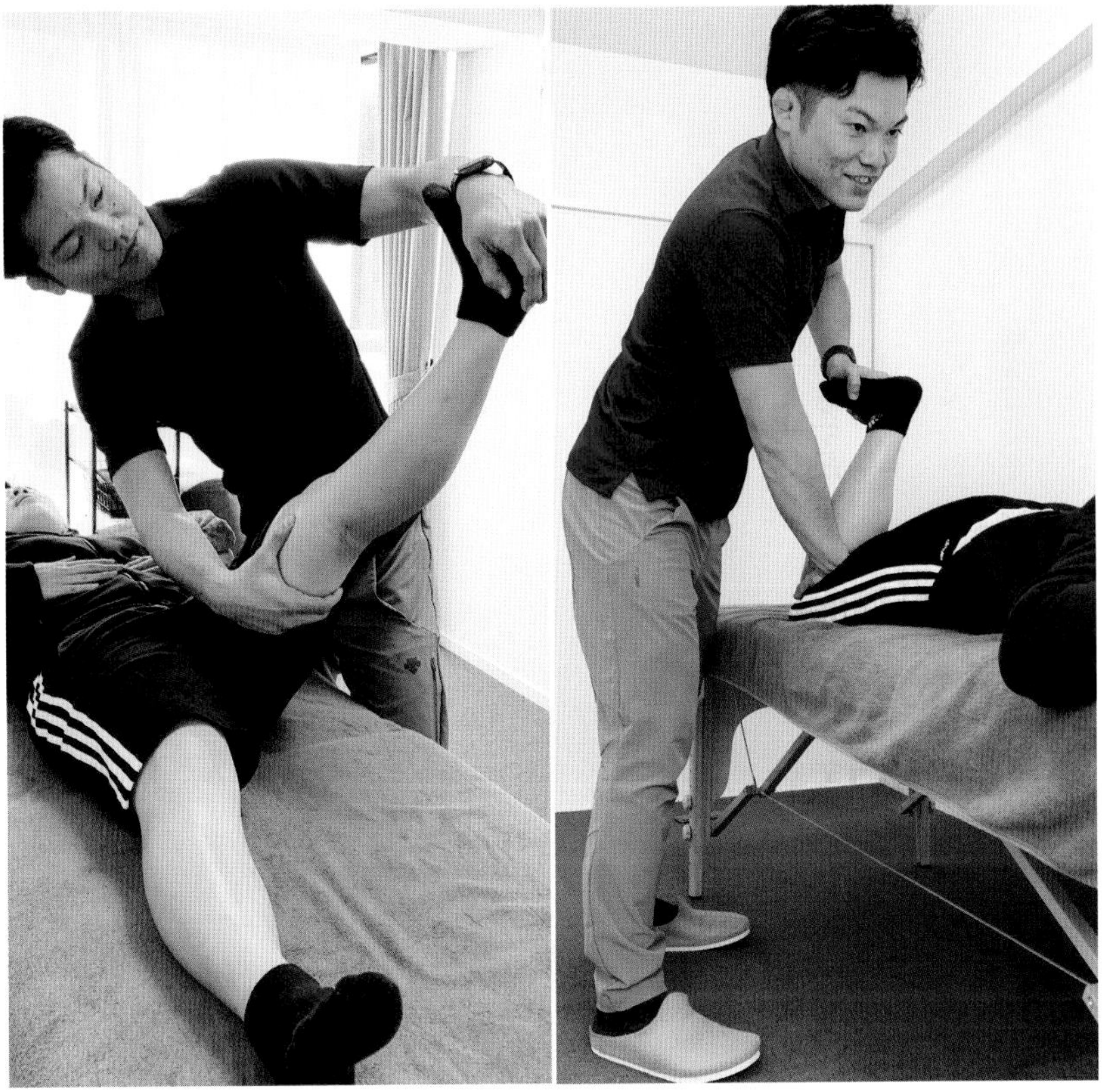

痛みがあるときは無理をしない。最初は指導（写真）と完全に同じ形でできなくても、狙った筋肉が伸びている感覚があればＯＫ。

スポーツ鍼の効果を高めるセルフケア③

「ツボ押し」で筋肉をゆるめ、不調を改善

指のはらで「痛気持ちいい」くらいに押す

「刺さない鍼・粒」よりもさらに手軽なセルフケアが、ツボ押しです。ケアしたい筋肉のツボを刺激することで、より効果的に筋肉をゆるめる、血流をよくして疲労回復を早めるといった効果を期待できます。また、さまざまな臓器の機能や自律神経を調整する全身の経穴（ツボ）にツボ押しを行えば、心身のコンディションが整い、パフォーマンスの向上にもつながります。

指でツボ押しをするときは爪を立てずに指のはらを使い、2～3秒かけてゆっくりと皮膚に垂直に圧を入れます。「痛気持ちいい」くらいの強さで5秒キープ。そのまま二回深呼吸をし、ゆっくりと圧を抜きます。一カ所につき二～三回、疲れや不調を感じたときに行います。

腰や背中のツボはボールを使う

筋肉をほぐすのが目的のときは、すねのツボを押しながら足首を回すなど、圧を入れた部位の周囲の関節を動かすとより効果的です。腰や背中、太もも、足裏などのツボは、床にテニスボールやゴルフボールを置いてその上に体を乗せる方法でも刺激できます。

なお、皮膚に傷や炎症、内出血がある部位や、妊娠中の腹部へのツボ押しは避けましょう。押すと痛みが増す、不快感があるときもツボ押しを中断してください。

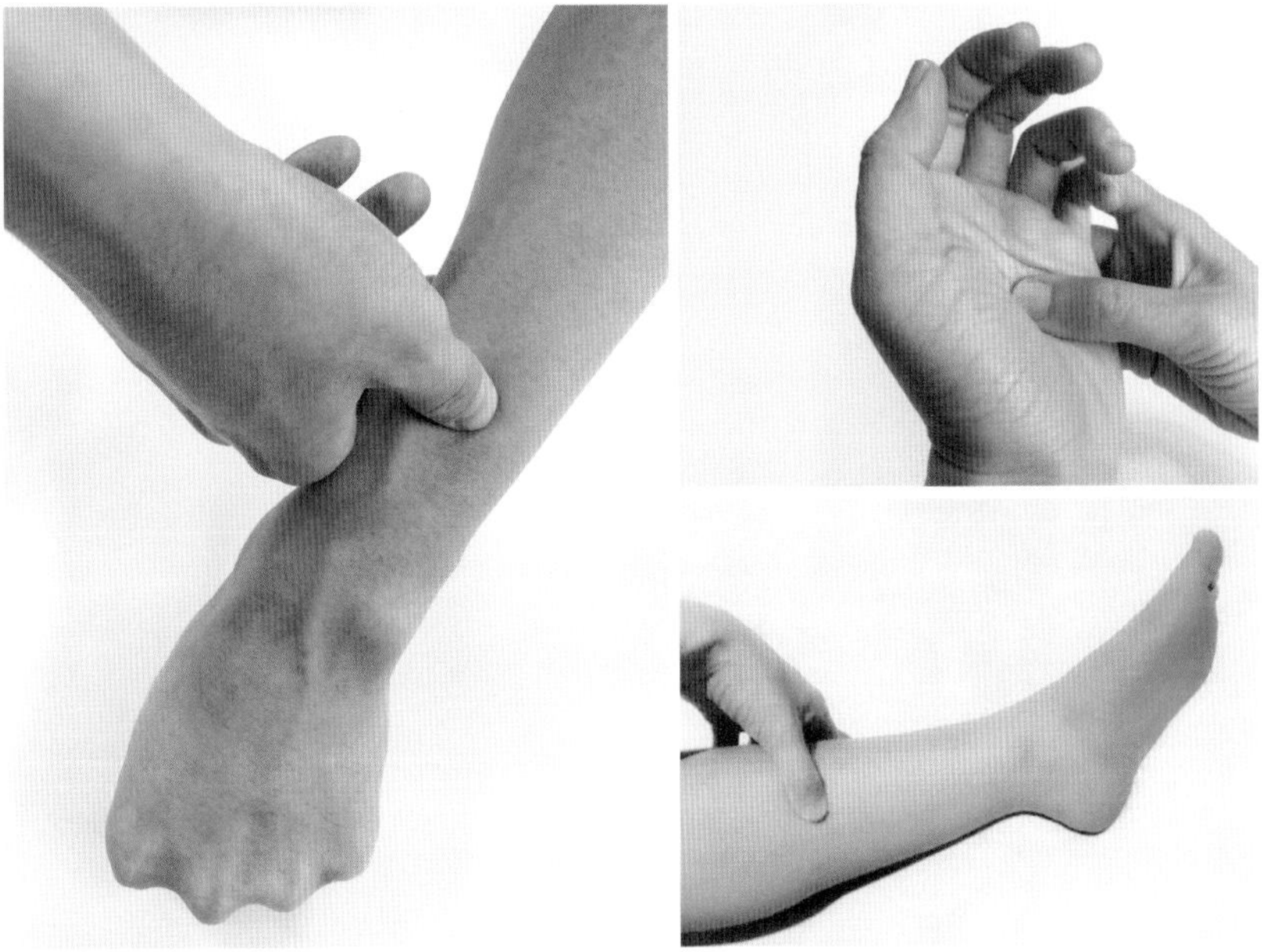

ツボ押しは温かい指で行うと効果的。症状に効果的なツボを押し、その周辺で痛気持ちいいところを探すとよい。

48ページ〜117ページの使い方

トップアスリートたちに実際に行われている施術内容を大公開します。

また、そのメソッドを生かして、一人でも自宅で手軽に始められるボディケア方法を紹介します。

自分の競技や障害に合わせて取り入れてみてください。

読んで学ぼう

●鍼灸師による施術
施術箇所、内容、注意点までを網羅。

どの筋肉に注目するべきか知ろう。

●（白マル）の部分は筋肉をほぐすのに有効な箇所を示しています。

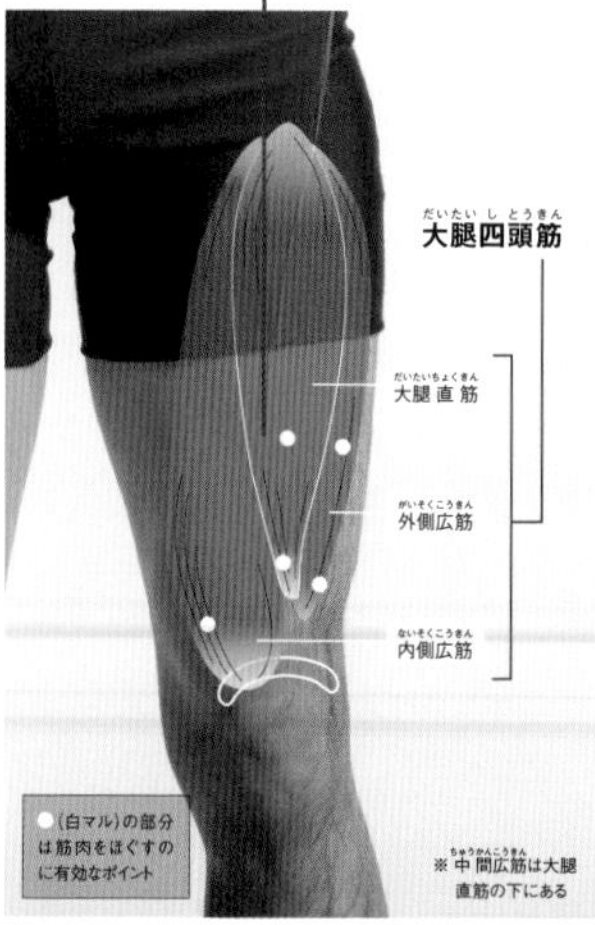

〈鍼灸師による施術ポイント〉

膝や足首を安定させると、走りにキレが出る

サッカーの動きで負荷がかかる大腿四頭筋《だいたいしとうきん》をほぐします。前脛骨筋《ぜんけいこつきん》は足首、膝裏にある膝窩筋《しっかきん》は膝の安定性にも関わる筋肉です。これらの筋肉の状態がよいと、動きにキレが出ます。

大腿四頭筋《だいたいしとうきん》

大腿四頭筋《だいたいしとうきん》（大腿直筋《だいたいちょくきん》、外側《がいそく》広筋《こうきん》、内側広筋《ないそくこうきん》、中間広筋《ちゅうかんこうきん》）は、太もも前面にある大きい筋肉です。膝を伸ばすときに収縮する筋肉で、ストップ動作やターンのときに使われるため、サッカーでは特に疲労がたまりやすいポイント。筋肉の太い中央部のほかに、膝に近い腱（筋肉が骨につながる部分）周辺にも施術を行います。

49　Part 3　自分史上最強パフォーマンスを発揮する！　スポーツ別　バネ筋メソッド

自分でやってみよう

●ツボ押し

パフォーマンス向上に効果的なツボを紹介。写真の ● 位置を参考に、ツボを押してみよう。

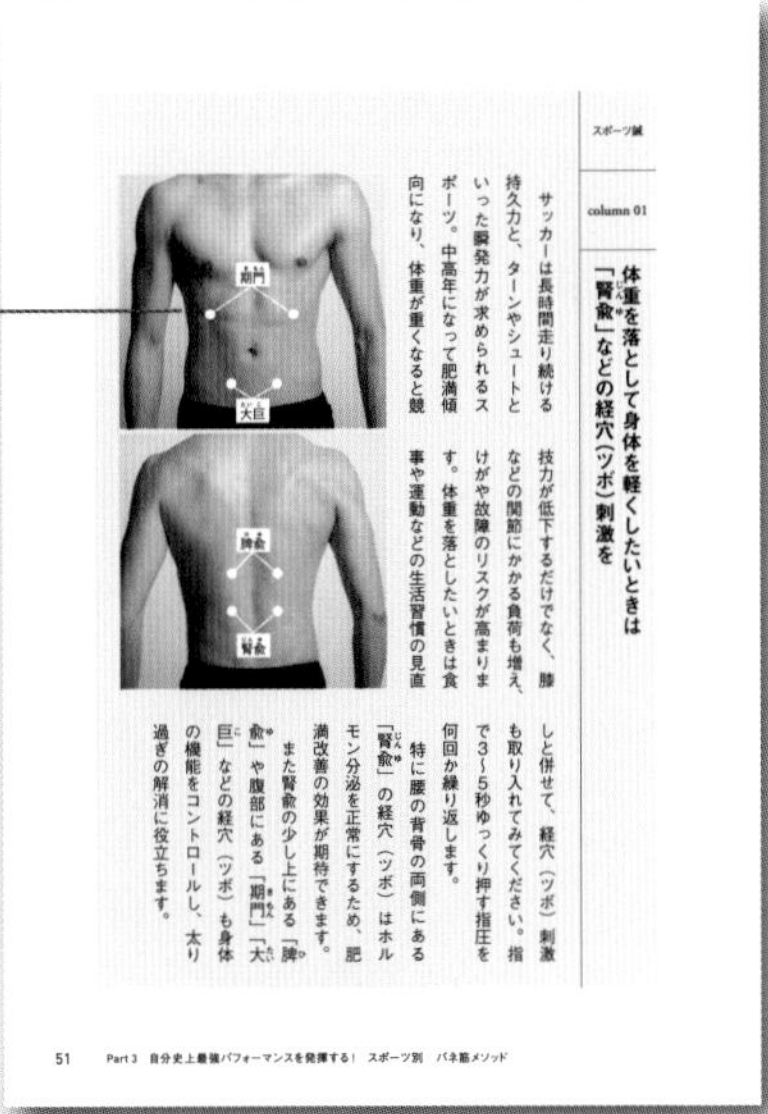

スポーツ鍼

column 01

体重を落として身体を軽くしたいときは「腎兪《じんゆ》」などの経穴(ツボ)刺激を

サッカーは長時間走り続ける持久力と、ターンやシュートといった瞬発力が求められるスポーツ。中高年になって肥満傾向になり、体重が重くなると競技力が低下するだけでなく、膝などの関節にかかる負荷も増え、けがや故障のリスクが高まります。体重を落としたいときは食事や運動などの生活習慣の見直しと併せて、経穴(ツボ)刺激も取り入れてみてください。指で3~5秒ゆっくり押す指圧を何回か繰り返します。

特に腰の背骨の両側にある「腎兪《じんゆ》」の経穴(ツボ)はホルモン分泌を正常にするため、肥満改善の効果が期待できます。

また腎兪の少し上にある「脾《ひ》兪《ゆ》」や腹部にある「期門《きもん》」「大《たい》巨《こ》」などの経穴(ツボ)も身体の機能をコントロールし、太り過ぎの解消に役立ちます。

51　Part 3　自分史上最強パフォーマンスを発揮する！　スポーツ別　バネ筋メソッド

●セルフ鍼

鍼を貼ると効果的なポイントを紹介。写真の ● 位置を参考に、貼ってみよう。

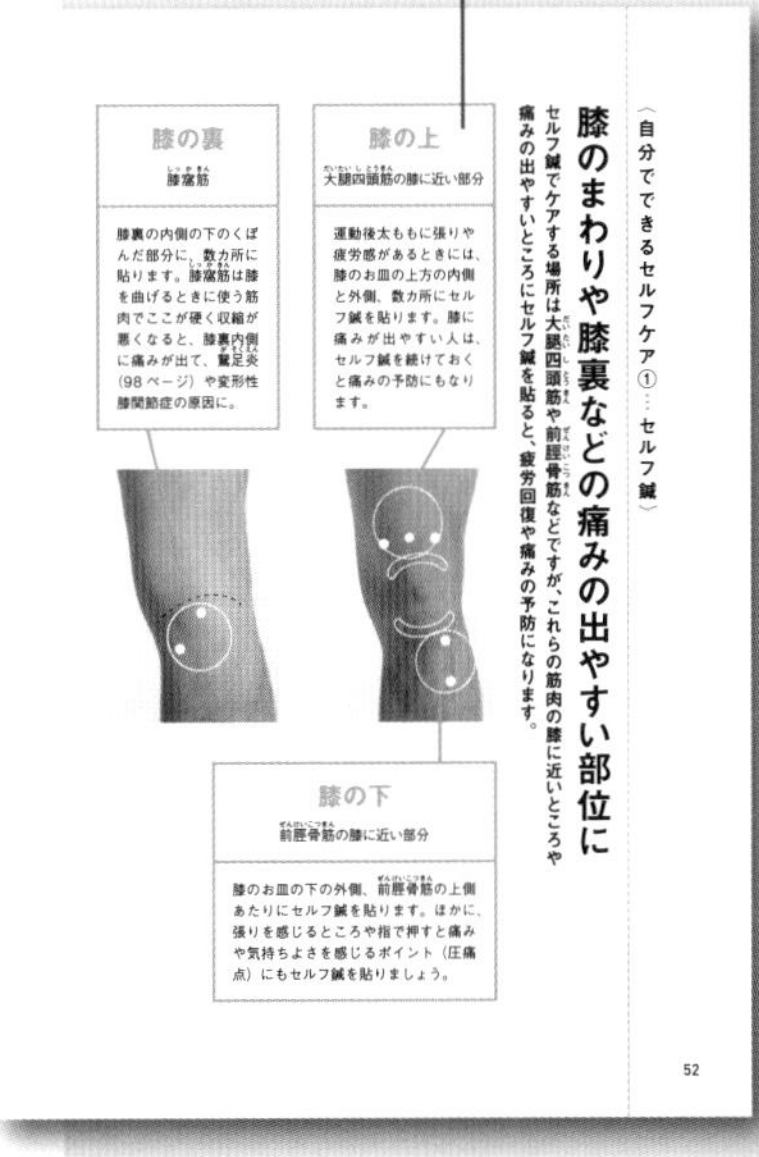

〈自分でできるセルフケア①…セルフ鍼〉

膝のまわりや膝裏などの痛みの出やすい部位に

セルフ鍼でケアする場所は大腿四頭筋《だいたいしとうきん》や前脛骨筋《ぜんけいこつきん》などですが、これらの筋肉の膝に近いところや痛みの出やすいところにセルフ鍼を貼ると、疲労回復や痛みの予防になります。

膝の上

大腿四頭筋《だいたいしとうきん》の膝に近い部分

運動後太ももに張りや疲労感があるときには、膝のお皿の上方の内側と外側、数カ所にセルフ鍼を貼ります。膝に痛みが出やすい人は、セルフ鍼を続けておくと痛みの予防にもなります。

膝の裏

膝窩筋《しっかきん》

膝裏の内側の下のくぼんだ部分に、数カ所に貼ります。膝窩筋《しっかきん》は膝を曲げるときに使う筋肉でここが硬く収縮が悪くなると、膝裏内側に痛みが出て、鵞足炎《がそくえん》(98ページ)や変形性膝関節症の原因に。

膝の下

前脛骨筋《ぜんけいこつきん》の膝に近い部分

膝のお皿の下の外側、前脛骨筋《ぜんけいこつきん》の上側あたりにセルフ鍼を貼ります。ほかに、張りを感じるところや指で押すと痛みや気持ちよさを感じるポイント(圧痛点)にもセルフ鍼を貼りましょう。

52

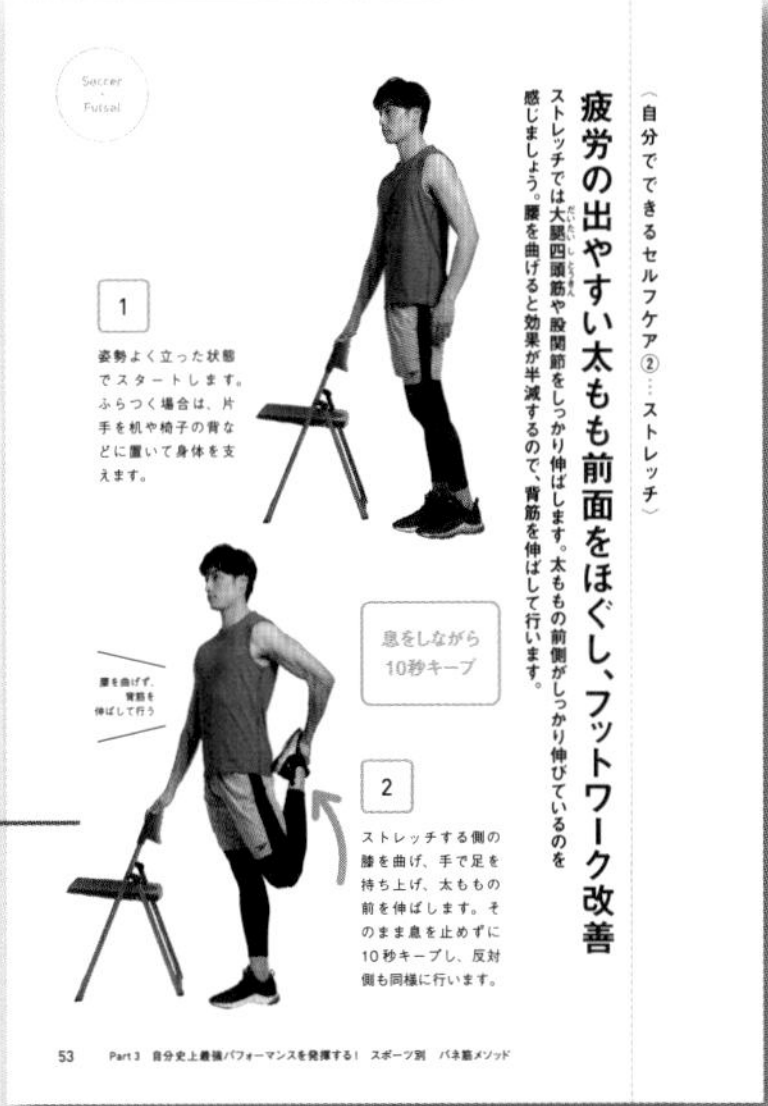

〈自分でできるセルフケア②…ストレッチ〉

疲労の出やすい太もも前面をほぐし、フットワーク改善

ストレッチでは大腿四頭筋《だいたいしとうきん》や股関節をしっかり伸ばします。太ももの前側がしっかり伸びているのを感じましょう。腰を曲げると効果が半減するので、背筋を伸ばして行います。

Soccer
Futsal

1

姿勢よく立った状態でスタートします。ふらつく場合は、片手を机や椅子の背などに置いて身体を支えます。

息をしながら
10秒キープ

腰を曲げず、背筋を伸ばして行う

2

ストレッチする側の膝を曲げ、手で足を持ち上げ、太ももの前を伸ばします。そのまま息を止めずに10秒キープし、反対側も同様に行います。

53　Part 3　自分史上最強パフォーマンスを発揮する！　スポーツ別　バネ筋メソッド

●ストレッチ

自宅で一人でも行えるストレッチを紹介。写真のポーズを参考に、しっかり筋肉を伸ばそう。

サッカー・フットサル

Soccer・Futsal

太もも前面の筋肉と膝や足首の関節に負担が大

サッカー、フットサルでは長い時間走り続けるうえ、急なダッシュや方向転換を繰り返します。そのため下半身の筋肉と関節の強さが必要です。

スポーツ鍼では、膝を伸ばして走る動作にブレーキをかける太もも前面の大腿四頭筋《だいたいしとうきん》や、すねの前脛骨筋《ぜんけいこつきん》を中心にケアします。

また前後左右どちらの方向にも素早く動くためには、膝関節や足首が安定していて、力がスムーズに伝わる状態であることが大切です。施術によって膝や足首の安定性が増すと、走りやターンのスピードアップにもつながります。

〈鍼灸師による施術ポイント〉

膝や足首を安定させると、走りにキレが出る

サッカーの動きで負荷がかかる大腿四頭筋《だいたいしとうきん》をほぐします。前脛骨筋《ぜんけいこつきん》は足首、膝裏にある膝窩筋《しっかきん》は膝の安定性にも関わる筋肉です。これらの筋肉の状態がよいと、動きにキレが出ます。

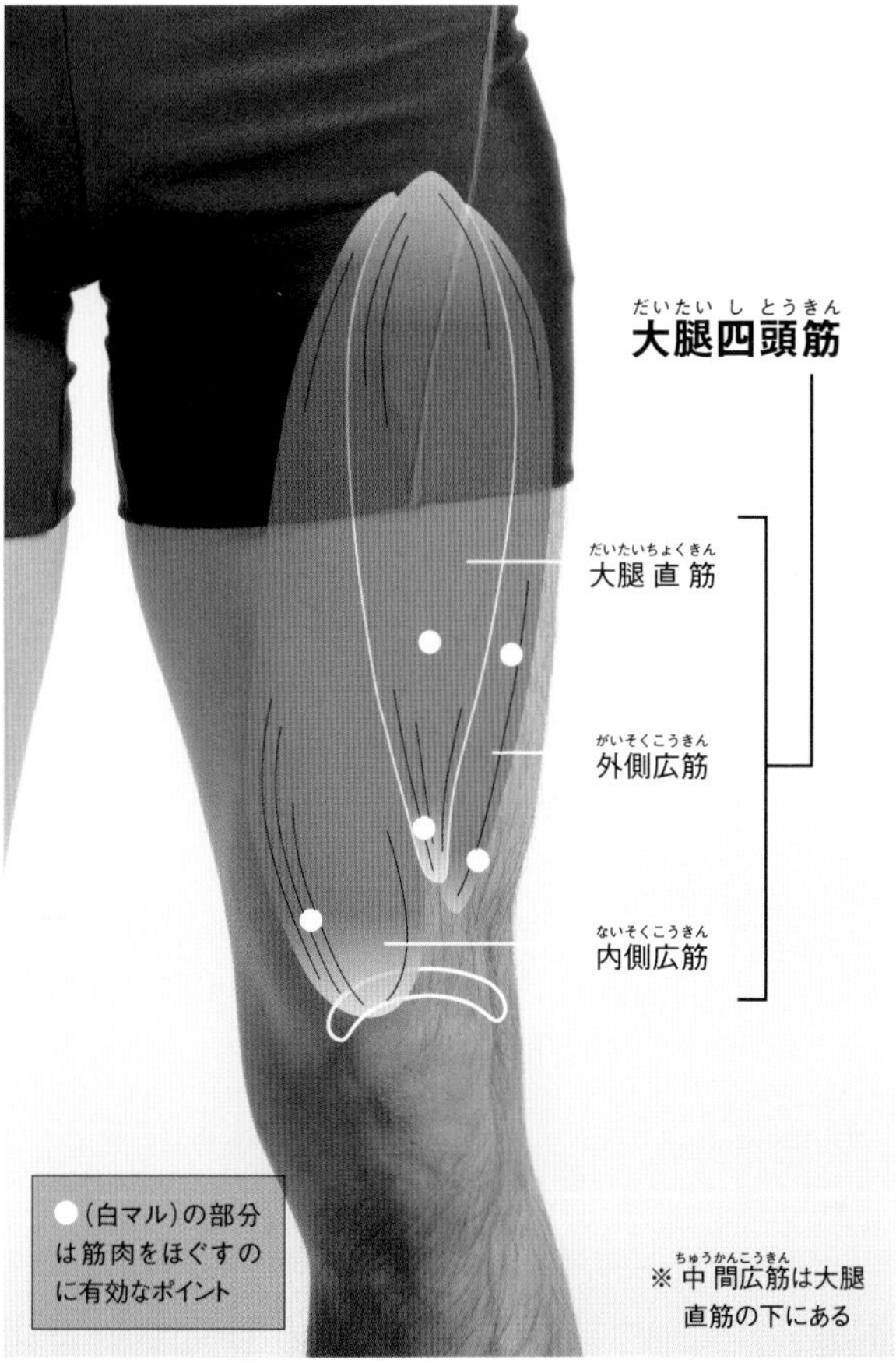

大腿四頭筋《だいたいしとうきん》

大腿四頭筋《だいたいしとうきん》（大腿直筋《だいたいちょくきん》、外側《がいそく》広筋《こうきん》、内側広筋《ないそくこうきん》、中間広筋《ちゅうかんこうきん》）は、太もも前面にある大きい筋肉です。膝を伸ばすときに収縮する筋肉で、ストップ動作やターンのときに使われるため、サッカーでは特に疲労がたまりやすいポイント。筋肉の太い中央部のほかに、膝に近い腱（筋肉が骨につながる部分）周辺にも施術を行います。

前脛骨筋《ぜんけいこつきん》

前脛骨筋《ぜんけいこつきん》はすねの前側にあり、膝から足首にかけて伸びています。大腿四頭筋《だいたいしとうきん》とともにストップ動作などで膝を伸ばした際に使われるため、サッカーでは負担が大きい筋肉。前脛骨筋《ぜんけいこつきん》の疲労や硬さが取れると足首の関節が安定し、素早く動けるようになります。

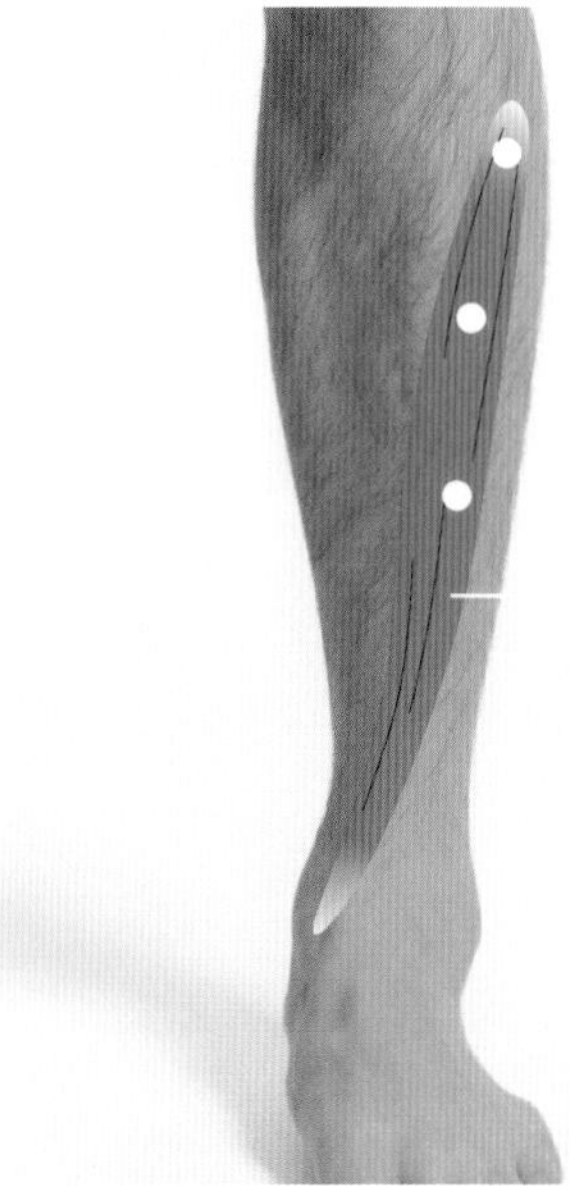

膝窩筋《しっかきん》

膝窩筋《しっかきん》は膝の後ろ側にあり、膝の上下の骨をななめにつないでいる筋肉で、膝関節を安定させる働きがあります。膝がグラグラしていると一歩の動作が遅れますが、膝窩筋《しっかきん》が柔軟で筋収縮がよいと膝が安定してターンのスピードが上がり、故障も少なくなります。

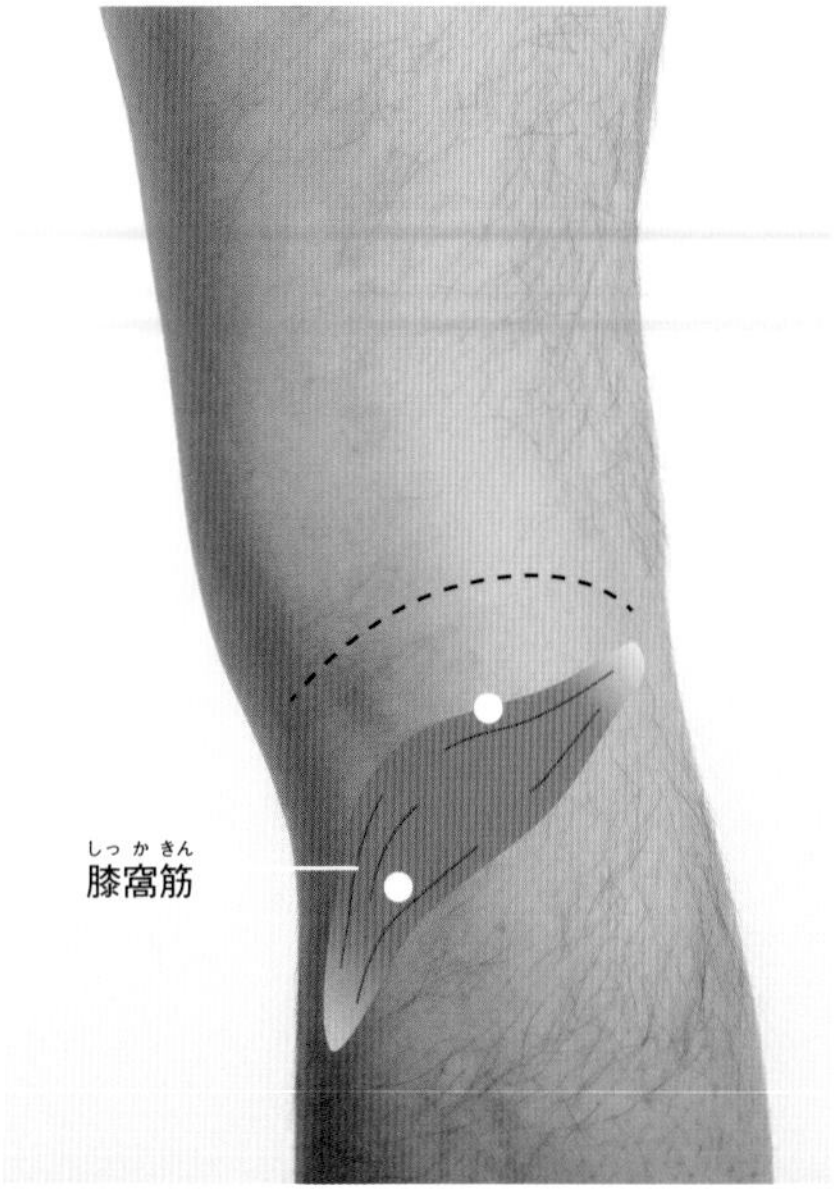

column 01

体重を落として身体を軽くしたいときは「腎兪《じんゆ》」などの経穴(ツボ)刺激を

サッカーは長時間走り続ける持久力と、ターンやシュートといった瞬発力が求められるスポーツ。中高年になって肥満傾向になり、体重が重くなると競技力が低下するだけでなく、膝などの関節にかかる負荷も増え、けがや故障のリスクが高まります。体重を落としたいときは食事や運動などの生活習慣の見直しと併せて、経穴（ツボ）刺激も取り入れてみてください。指で3～5秒ゆっくり押す指圧を何回か繰り返します。

特に腰の背骨の両側にある「腎兪《じんゆ》」の経穴（ツボ）はホルモン分泌を正常にするため、肥満改善の効果が期待できます。

また腎兪の少し上にある「脾《ひ》兪《ゆ》」や腹部にある「期門《きもん》」「大《たい》巨《こ》」などの経穴（ツボ）も身体の機能をコントロールし、太り過ぎの解消に役立ちます。

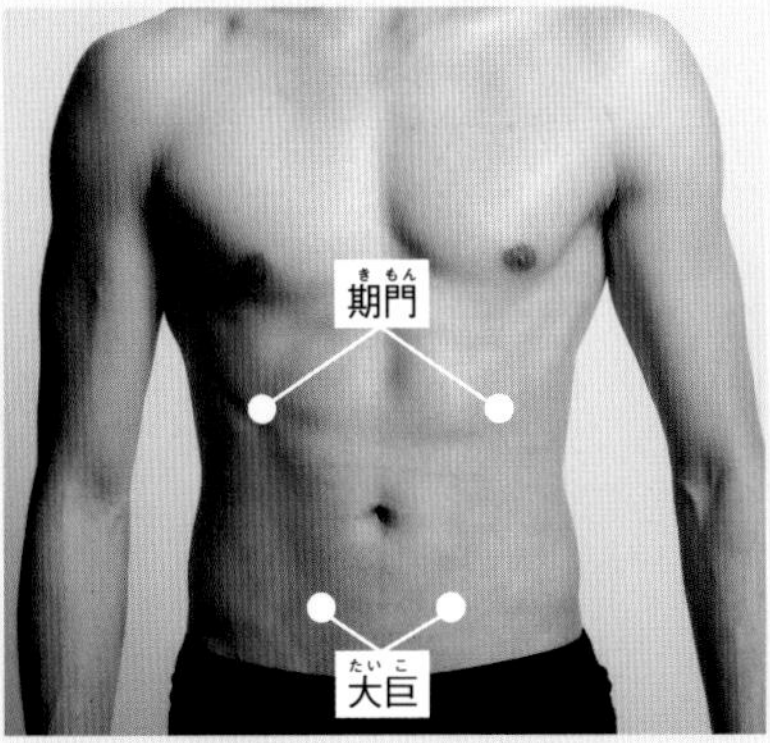

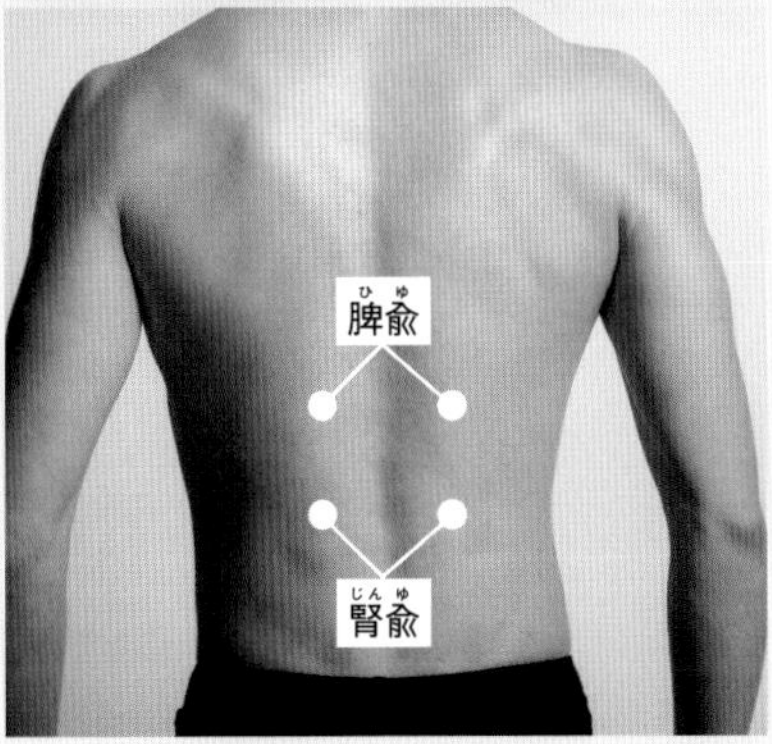

膝のまわりや膝裏などの痛みの出やすい部位に

セルフ鍼でケアする場所は大腿四頭筋《だいたいしとうきん》や前脛骨筋《ぜんけいこつきん》などですが、これらの筋肉の膝に近いところや痛みの出やすいところにセルフ鍼を貼ると、疲労回復や痛みの予防になります。

膝の裏

膝窩筋《しっかきん》

膝裏の内側の下のくぼんだ部分に、数カ所に貼ります。膝窩筋《しっかきん》は膝を曲げるときに使う筋肉でここが硬く収縮が悪くなると、膝裏内側に痛みが出て、鵞足炎《がそくえん》（98ページ）や変形性膝関節症の原因に。

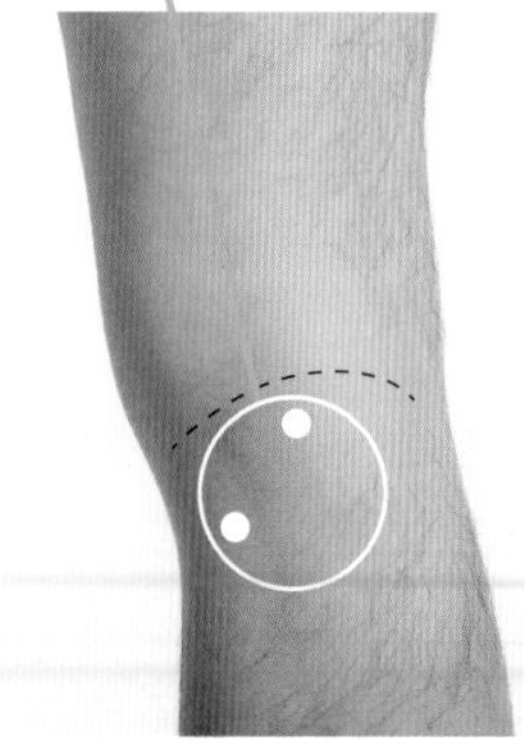

膝の上

大腿四頭筋《だいたいしとうきん》の膝に近い部分

運動後太ももに張りや疲労感があるときには、膝のお皿の上方の内側と外側、数カ所にセルフ鍼を貼ります。膝に痛みが出やすい人は、セルフ鍼を続けておくと痛みの予防にもなります。

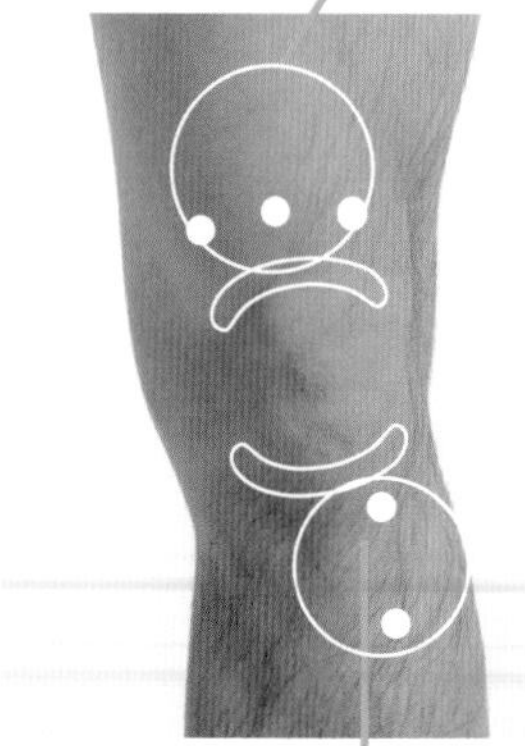

膝の下

前脛骨筋《ぜんけいこつきん》の膝に近い部分

膝のお皿の下の外側、前脛骨筋《ぜんけいこつきん》の上側あたりにセルフ鍼を貼ります。ほかに、張りを感じるところや指で押すと痛みや気持ちよさを感じるポイント（圧痛点）にもセルフ鍼を貼りましょう。

Soccer
・
Futsal

〈自分でできるセルフケア②…ストレッチ〉

疲労の出やすい太もも前面をほぐし、フットワーク改善

ストレッチでは大腿《だいたい》四頭筋《しとうきん》や股関節をしっかり伸ばします。太ももの前側がしっかり伸びているのを感じましょう。腰を曲げると効果が半減するので、背筋を伸ばして行います。

1

姿勢よく立った状態でスタートします。ふらつく場合は、片手を机や椅子の背などに置いて身体を支えます。

息をしながら
10秒キープ

2

ストレッチする側の膝を曲げ、手で足を持ち上げ、太ももの前を伸ばします。そのまま息を止めずに10秒キープし、反対側も同様に行います。

マラソン

Marathon

足首まわりを柔軟に保つと走りやすく、疲れにくい

近年は、年齢・性別を問わず、マラソンに親しむ人が増えています。健康維持のためという人もいれば、タイム向上を目指す人もいて、その人の体力や走力、目標に合わせて取り組めるのも魅力です。

マラソンでは膝から下、特に足首まわりの筋肉の硬さがあると、長時間走ったときに地面からの衝撃が強くなり、すねの内側や膝に痛みが出ることがあります。スポーツ鍼やセルフケアで足首まわりの柔軟性を保つと、長時間走っても疲れにくくなり、また足首のバネを活かして地面を蹴り出せるので推進力もつきます。

〈鍼灸師による施術ポイント〉

足首につながる膝下の筋肉の柔軟性を高める

膝から足首にかけては前脛骨筋《ぜんけいこつきん》や後脛骨筋《こうけいこつきん》、腓腹筋《ひふくきん》などのさまざまな筋肉があります。これらをスポーツ鍼でほぐすと足首が柔軟になり、疲労や痛みを防ぐことにつながります。

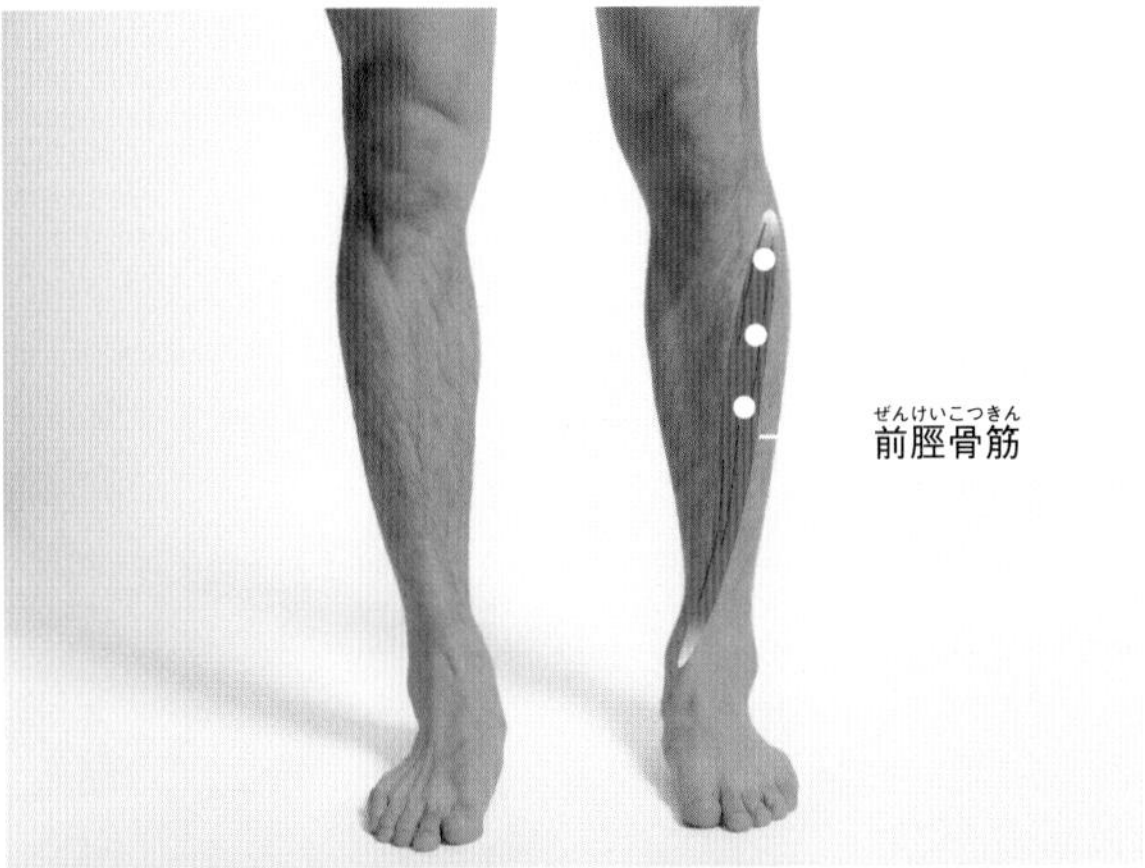

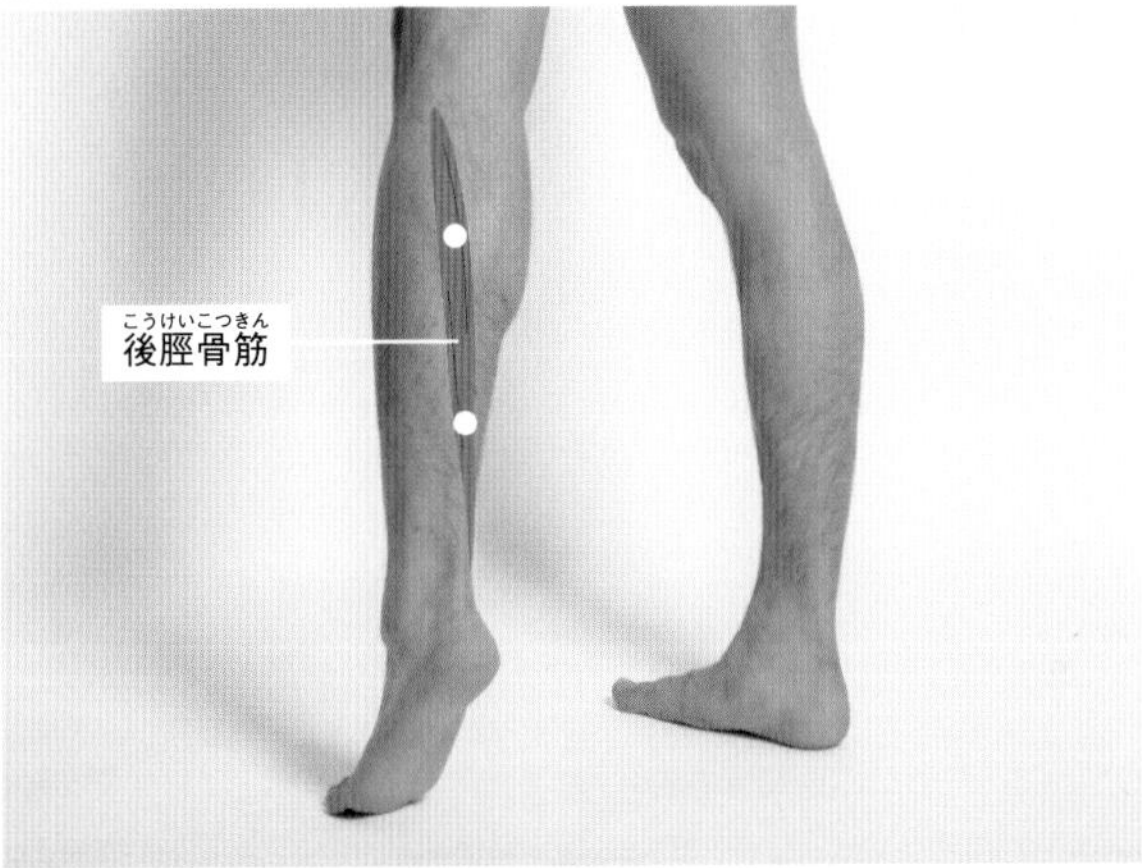

前脛骨筋《ぜんけいこつきん》・後脛骨筋《こうけいこつきん》

前脛骨筋《ぜんけいこつきん》は膝下から足首までをつないでおり、足先を上げるときに働きます。後脛骨筋《こうけいこつきん》は、膝裏から足首へとつながる筋肉で、足先を伸ばす動きをつくります。施術ではこの二つの筋肉をほぐすことで、足首の動きをよくします。特にふくらはぎの奥にある後脛骨筋《こうけいこつきん》は、鍼だからこそアプローチできる深層の筋肉です。

腓《ひ》腹《ふく》筋《きん》・ヒラメ筋《きん》

腓《ひ》腹《ふく》筋《きん》はふくらはぎの上側にあり、つま先立ちをするとキュッと膨らむ筋肉です。ヒラメ筋《きん》は腓《ひ》腹《ふく》筋《きん》の下にあり、膝裏下から踵《かかと》までをつないでいます。二つは地面を蹴って前に進む動作で重要な筋肉で、施術することでより速く、ラクに走れるようになります。

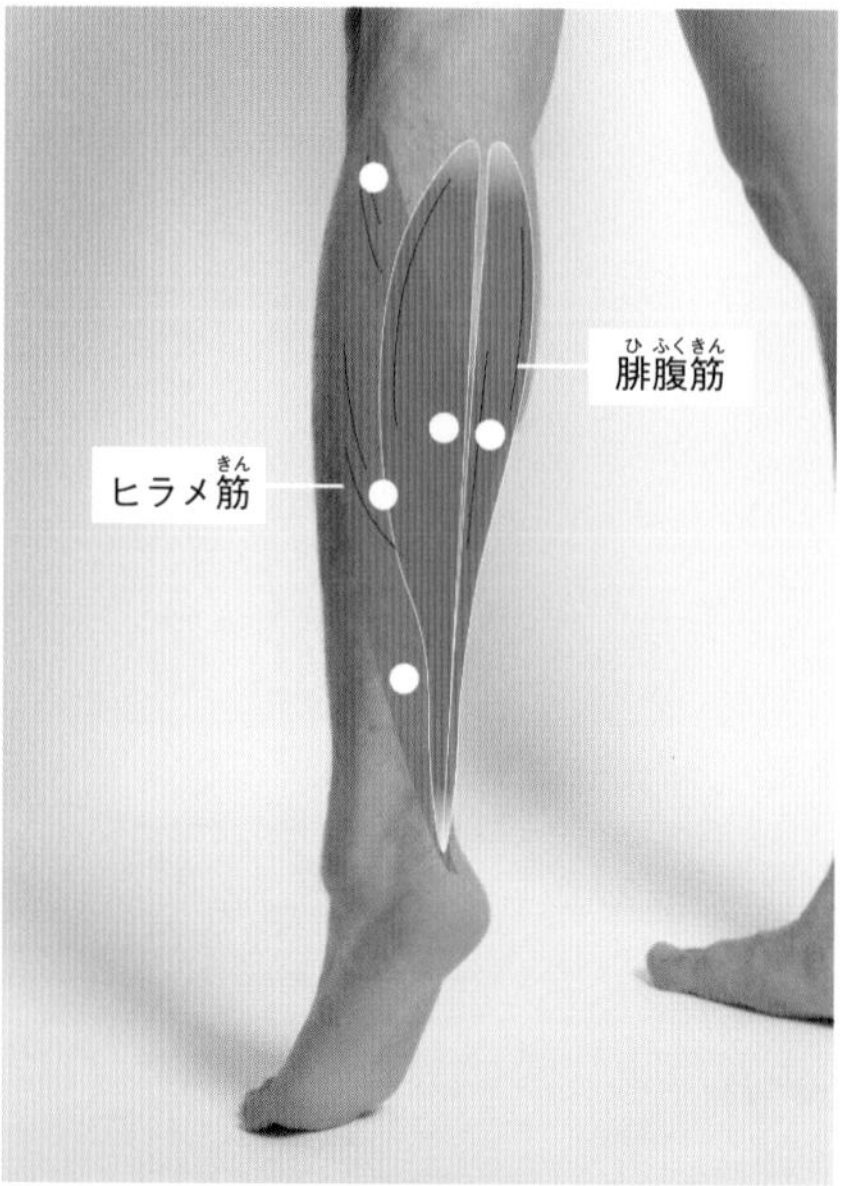

腓《ひ》骨《こつ》筋《きん》

すねの側面（外側）から足首につながる筋肉です。足の小指側を引き上げるときなどに使われる筋肉で、足首や足底を支えて姿勢を保つ働きがあります。ここに施術をすると足首まわりの安定性が高まり、足首の捻挫などの故障も予防できます。

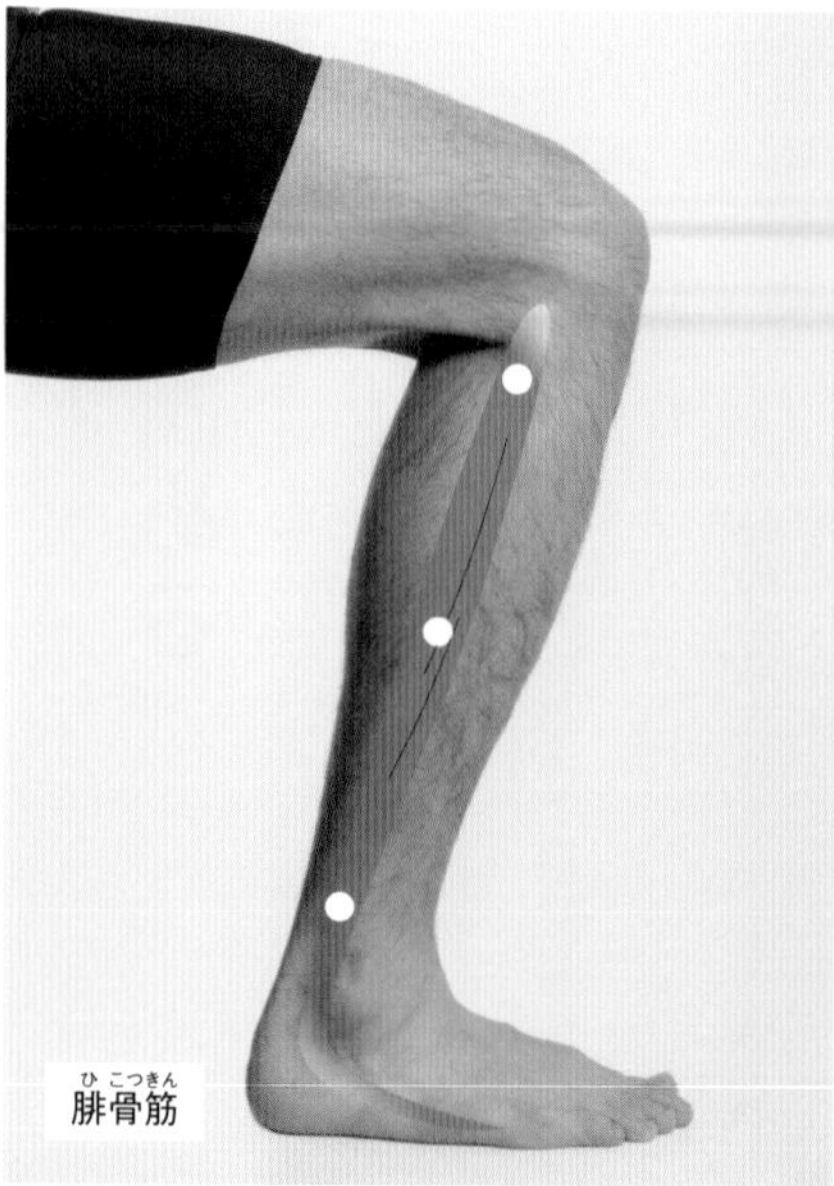

column 02

大会前に緊張して眠れないときは腹部や首の経穴（ツボ）をケア

どれだけ走り込んで練習を重ねても、大きな大会前になると緊張して眠れない――ということもあるかもしれません。しかし練習の疲労を解消するためにも、心身ともにベストな状態で臨むためにも、大会や試合の前こそ十分な睡眠が重要です。なかなか寝付けないときには、次のような経穴（ツボ）の刺激を試みましょう。

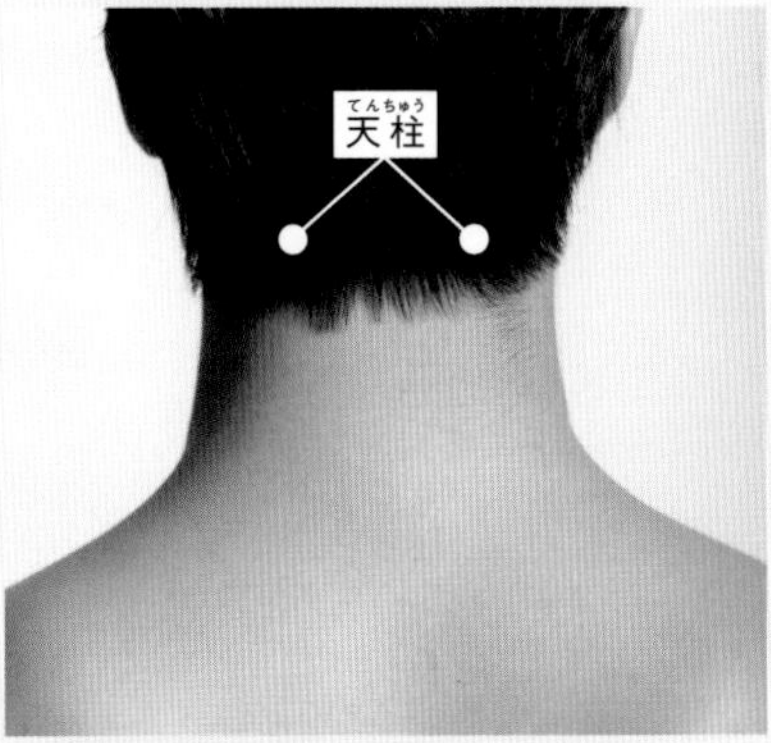

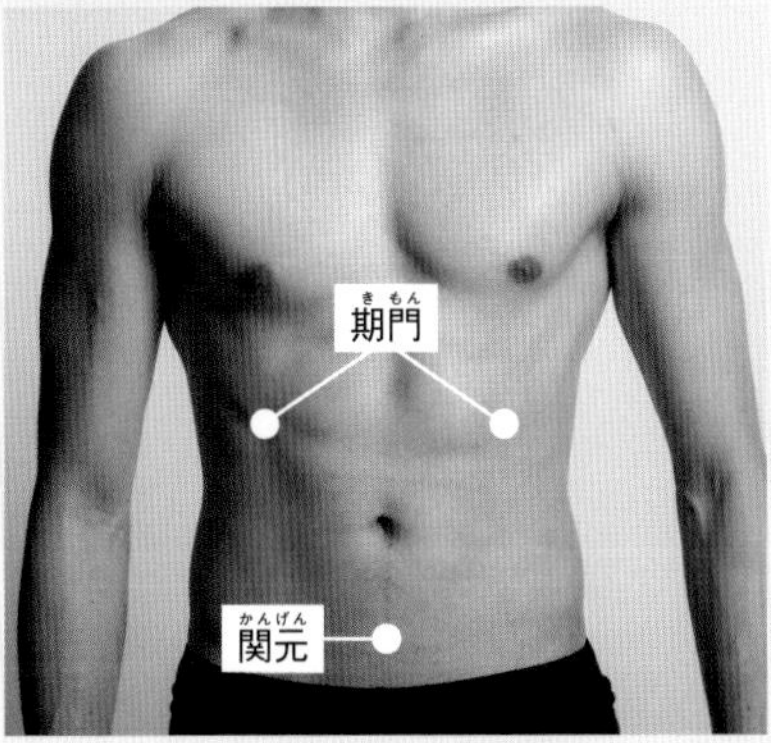

例えば首の後ろ、髪の生え際の二カ所のくぼみ「天柱《てんちゅう》」は、自律神経のバランスを整えて緊張をやわらげ、不眠を改善します。左右の肋骨の下あたりにある「期門《きもん》」、へそから指四本分下にある「関元《かんげん》」などの経穴（ツボ）も体調を整え、快眠へと導きます。また足裏の、足指を曲げたときにいちばんくぼむ場所にある「湧泉《ゆうせん》」を刺激すると、足や全身の疲れが取れ、ぐっすり眠れるようになります。

すねの表面にある筋肉や大きい腱をケアする

セルフ鍼では、すねの皮膚に近い大きい筋肉をケアします。足首まわりが柔軟になり、捻挫やアキレス腱炎《けんえん》（１０６ページ）、足底筋膜炎《そくていきんまくえん》などの予防にも有効です。

すねの圧痛点

前脛骨筋《ぜんけいこつきん》

前脛骨筋《ぜんけいこつきん》の上部、中部、下部の３点、または押すと痛みや凝りを感じる圧痛点にセルフ鍼を貼ります。日頃、革靴などの底の硬い靴を履いている人は、すねの筋肉が凝りやすいのでしっかりケアをします。

すねの外側

腓骨筋《ひこつきん》

腓骨筋《ひこつきん》の上部（膝に近いところ）と、中部（最も高いところ）に貼ると、筋肉の緊張をゆるめることにつながります。すねの外側の筋肉を触って圧痛点があるときは、そこにも貼っておきましょう。

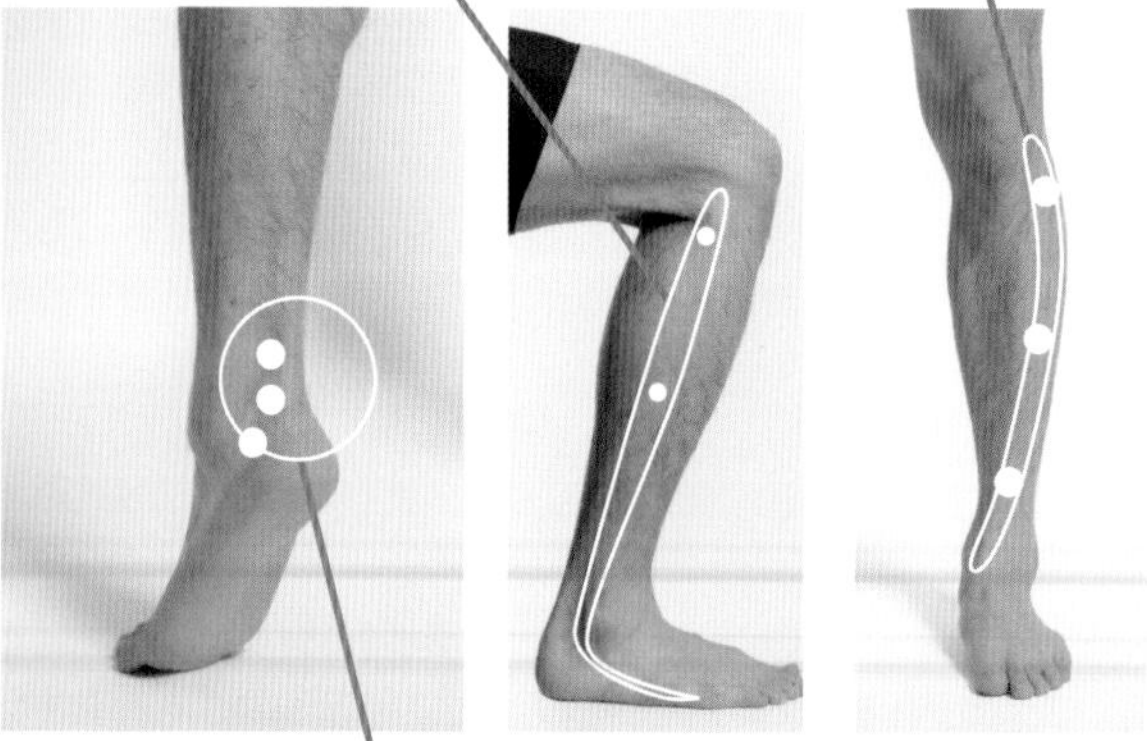

アキレス腱周辺

踵《かかと》の上側やアキレス腱周辺は疲労で硬くなったり、炎症が起きたりしやすいポイントです。セルフ鍼でここをゆるめておくと、足首の柔軟性が高まり、地面を蹴るバネが強くなります。

Marathon

〈自分でできるセルフケア②…ストレッチ〉

足指を開いたまま、足首を回してストレッチ

足指がよく開くとしっかり地面をつかめるため、走りが安定します。足指を開いた状態で足首を回してほぐします。慣れてきたら、足首をひねる動作も加えるとさらに足首が柔軟になります。

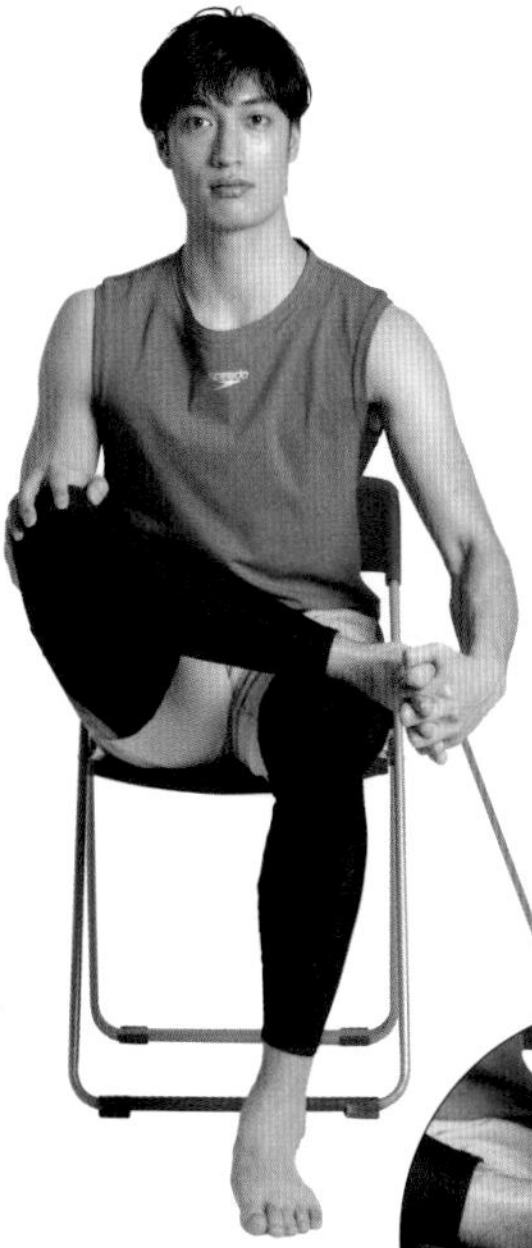

5本の指同士を組み合わせる

1

椅子に座り、右足首を左脚の膝の上にのせます。右足裏と左手の平を合わせるようにして、足指と手指を交互に組み合わせます。

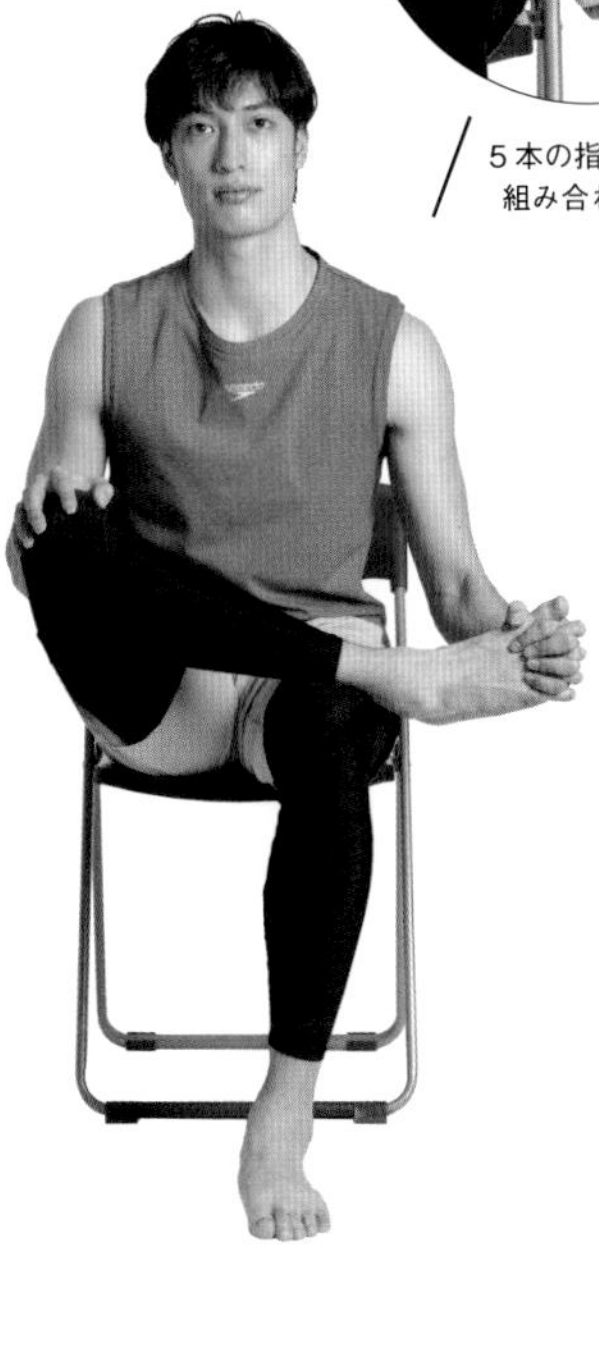

慣れてきたら足首をひねる動作もプラス

2

足指と手指を組んだ状態で、足首をゆっくりと回します。前に5回回したら、後ろにも5回回します。反対の脚も同様に行います。

前回し
後ろ回し
各5回

野球

Baseball

投げる動きをサポートし、肘などの故障を予防

年齢や性別・プレースタイルに合わせた運動ができる野球は、人気スポーツの一つです。地域のリトルリーグや部活動、社会人野球、草野球など競技人口が多く、競技レベルも趣味としての楽しみからプロまで、さまざまです。

野球の特徴的な動作といえば、投球動作です。このとき肩（肩甲骨）の筋肉を柔らかく使えないと、いわゆる「手投げ」の状態になり、肘や手首を痛めてしまう原因になります。ここでは肩を柔らかく使えるように、肩関節まわりへの鍼治療やセルフケアを紹介します。ケアによって肩の動きがよくなると、球速アップにもつながります。

〈鍼灸師による施術ポイント〉

投げる動作で大切な肩の動きをスムーズに

肩まわりにある大きな筋肉や、肩の回旋に関わるインナーマッスルに施術をします。振りかぶる動作から腕を振り抜くまで、肩が大きくしなやかに動くようにするのが目的です。

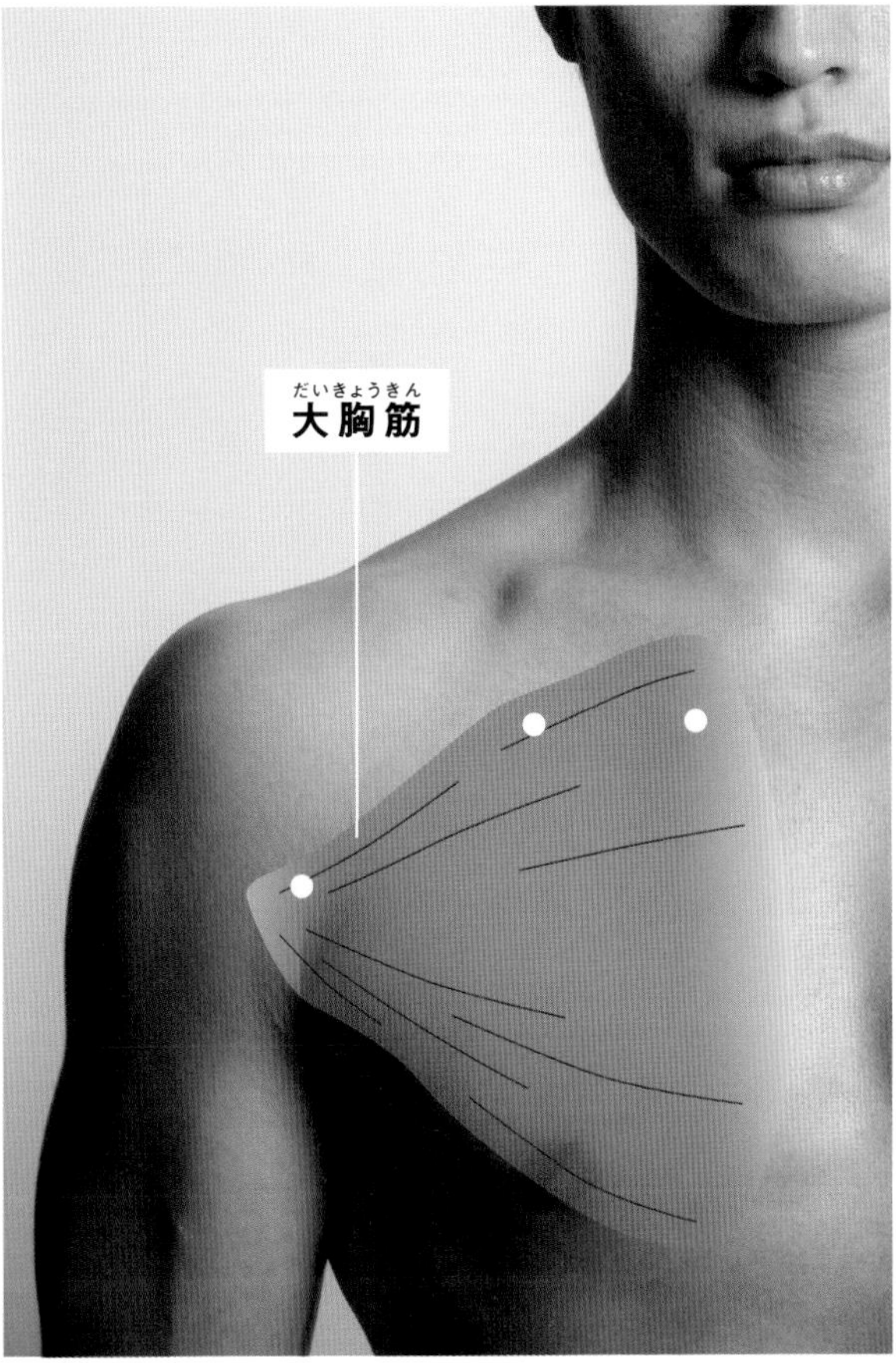

大胸筋《だいきょうきん》

胸の前面にある大きな筋肉が大《だい》胸筋《きょうきん》です。胸の中央の胸骨から肩の付け根につながっており、腕を前に押し出す、身体の前で腕を動かすときなどに使われます。大胸筋が硬くなっていると胸が十分に開かず、肩や腕の動きが制限されます。鍼治療で大胸筋をほぐすと、振りかぶるときに腕をしっかり後ろに引けるようになります。

三角筋《さんかくきん》

三角筋《さんかくきん》は、肩関節を外側から覆っている厚く強い筋肉で、前側は鎖骨から、背中側は肩甲骨から始まり、上腕骨に付きます。三角筋《さんかくきん》が収縮すると腕を前や水平に上げる、後方に伸ばすといった動きになります。三《さん》角筋《かくきん》が柔軟だと、腕の引きや振り上げがよくなります。

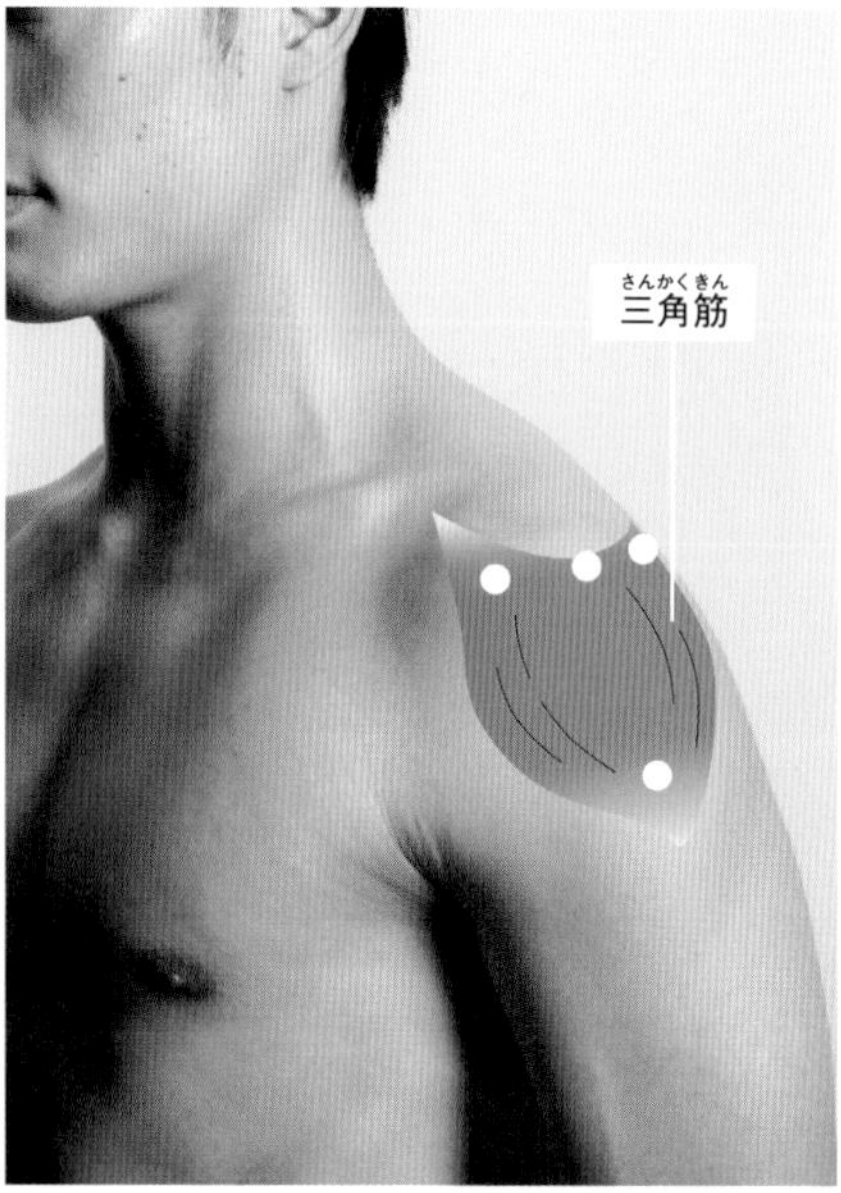

棘上筋《きょくじょうきん》・棘下筋《きょくかきん》・小円筋《しょうえんきん》・肩甲下筋《けんこうかきん》

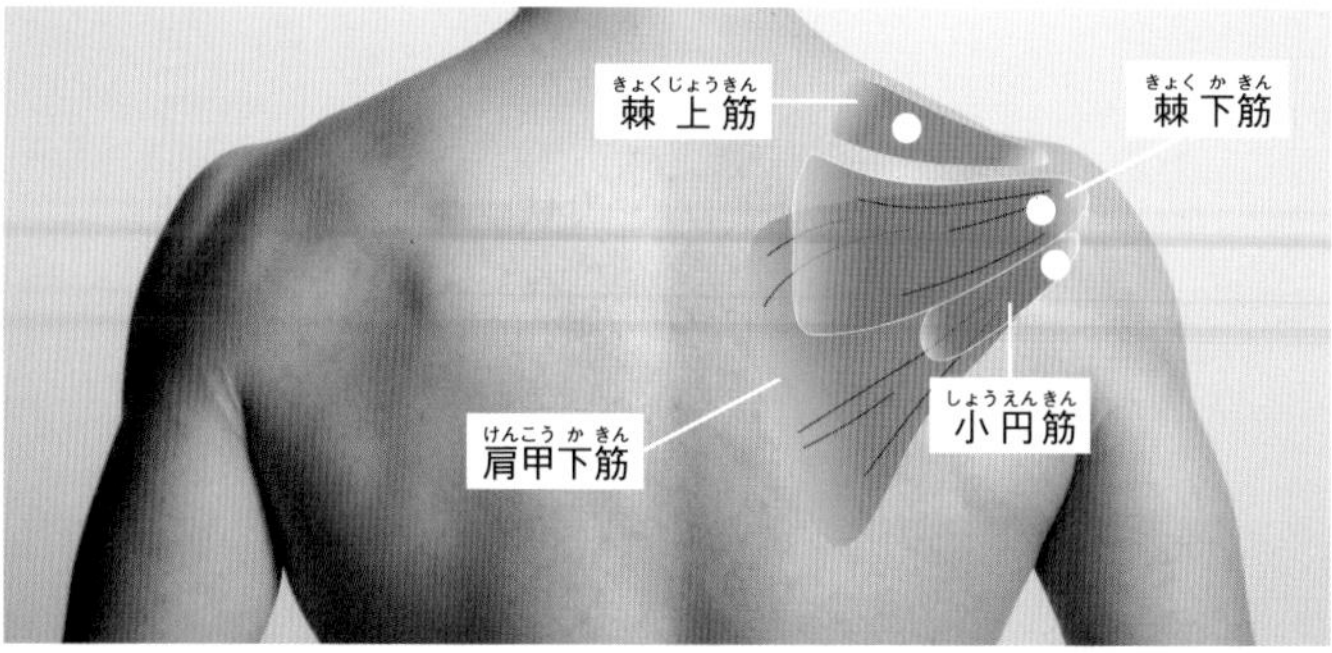

これら4つの筋肉は肩の後ろ側のインナーマッスルで、ローテーターカフとも呼ばれます。上腕骨と肩の関節を結びつけ、安定させる働きがあります。

この筋肉や三角筋《さんかくきん》がうまく連動して動くと肩の回旋運動がスムーズになり、「肩から投げる」ことが可能になります。

厳しい練習により、免疫力が低下。経穴（ツボ）刺激で体調管理を

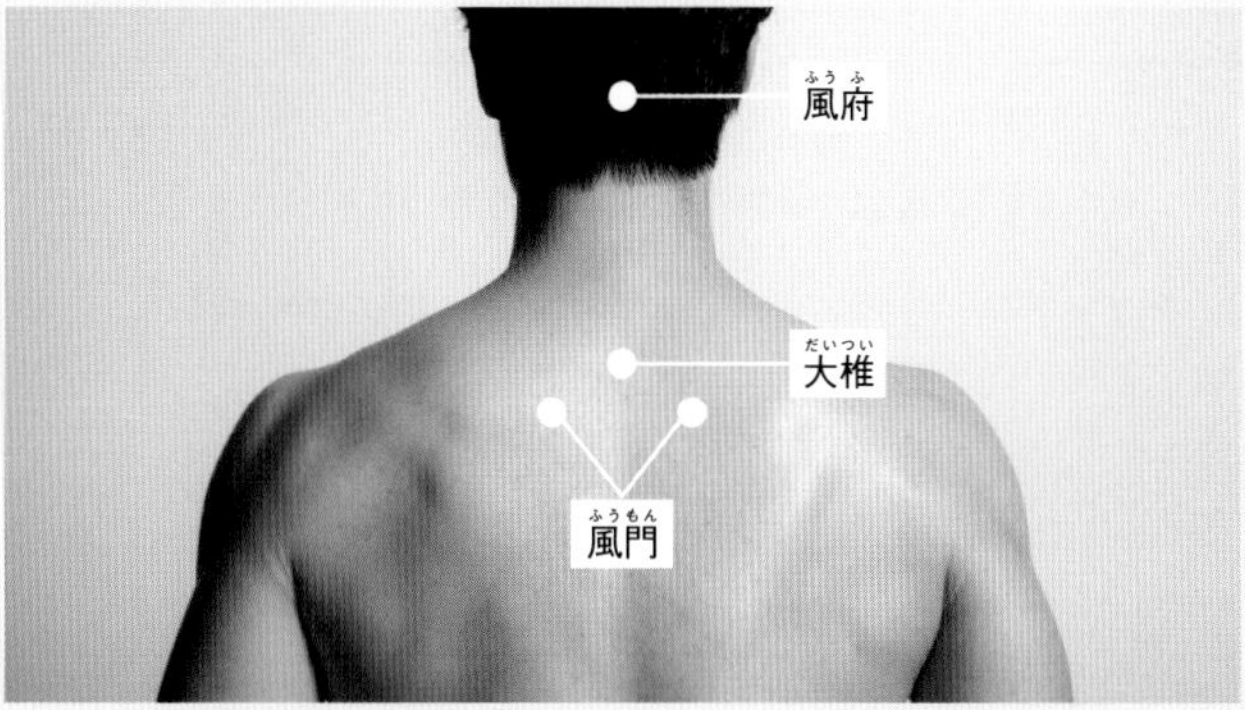

競技の技術向上や試合の成果を追求し、日常的にハードな練習を行う選手もいるでしょう。厳しいトレーニングを行っている人は一見体力があるように見えますが、身体を酷使し過ぎて免疫力が低下していることがあります。

風邪や感染症にかかって大事な試合で力を発揮できないとならないよう、十分な休養・睡眠とバランスのとれた食事をとり、免疫力を高めましょう。

風邪の予防になる経穴（ツボ）もあります。首を倒したときに付け根に出る骨から背骨の突起二つ下、そこから左右に指二本分のところにあるのが「風門《ふうもん》」です。東洋医学では風邪の邪気は風門から入るといわれており、ここを指圧したり温めたりすると風邪予防になります。

また首を前に倒したときに襟首に飛び出る骨の下にある「大《だい》椎《つい》」は鼻水や咳の症状をやわらげ、後頭部の窪みにある「風《ふう》府《ふ》」は頭の重さを緩和します。

〈自分でできるセルフケア①…セルフ鍼〉

胸や肩の筋肉をほぐし、セルフ鍼を貼る

日常的にデスクワークや前かがみの姿勢が多いと、胸や肩まわりの筋肉が固まりやすくなっています。硬くなった筋肉は指圧やストレッチなどでほぐし、セルフ鍼をすると効果的です。

胸

大胸筋《だいきょうきん》

胸の筋肉の肩近くにセルフ鍼をします。肩の手前を指で押し、痛みや気持ちよさを感じるポイントに貼るのもおすすめです。指先を押し当てたまま小さく円を描くように動かすと、凝りがほぐれます。

肩の後ろ側

三角筋《さんかくきん》

肩を包むような形をしている三角筋《さんかくきん》の、身体の真横〜やや後ろ側に貼ります。押してみて痛みや凝りを感じるところは、軽く指圧をして筋肉をほぐしてから貼るといいでしょう。

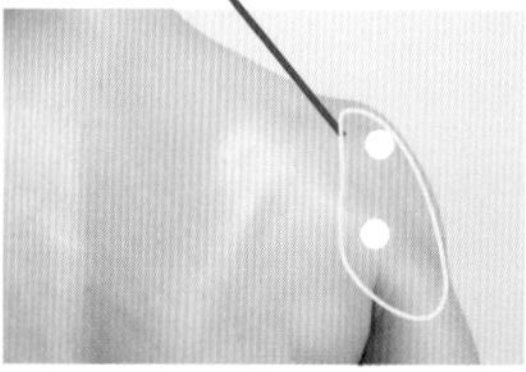

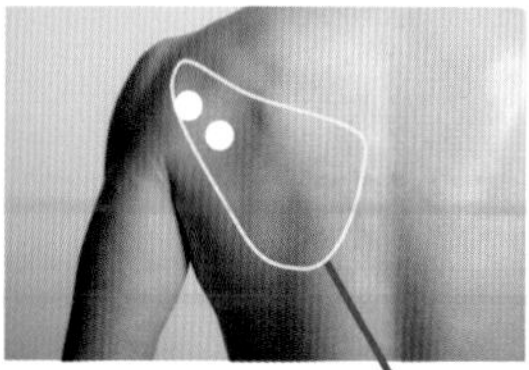

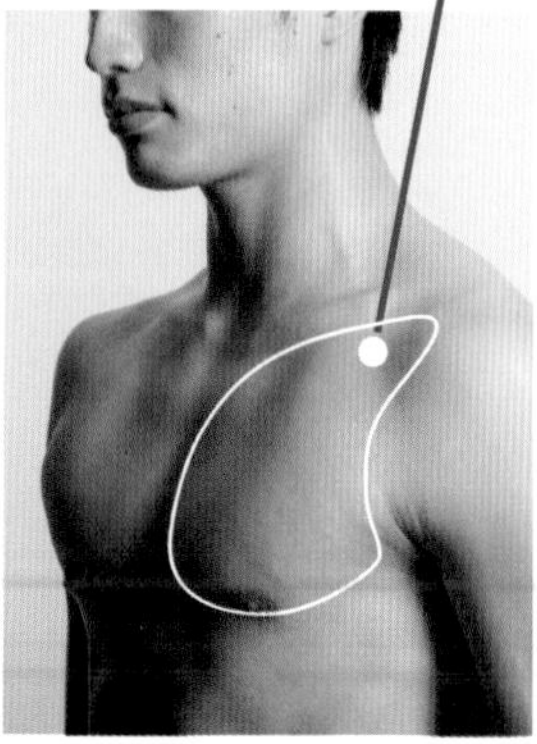

肩の後ろ側

棘下筋《きょくかきん》

肩甲骨の中央あたりにあるのが棘下筋《きょくかきん》です。肩に凝りや疲労があると、押すと気持ちがいいと感じるポイントです。次ページのストレッチをして、セルフ鍼を行うと効果が高まります。

〈自分でできるセルフケア②…ストレッチ〉

肩の筋肉の背面側をしっかり伸ばす

肩の後ろ側にある棘上筋《きょくじょうきん》や棘下筋《きょくかきん》などのローテーターカフを伸ばすストレッチです。肩がすくみ上がらないように注意して、狙った筋肉が伸びるのを感じながら行います。

Baseball

1

足を肩幅に開き、背筋を伸ばして立ちます。右肘を曲げ、右手の甲を腰に当てます。

息をしながら
10秒キープ

2

左手で右肘をつかみ、ゆっくり身体の前に引き、右肩の後ろ側を伸ばします。そこで息を止めずに10秒キープし、反対側も同様に行います。

ゴルフ

Golf

スウィング動作の反復で腰まわりの筋肉に負担大

１００年以上もオリンピック種目から外れていましたが、２０１６年のリオデジャネイロオリンピックから正式種目に復活したことで、ゴルフ人気は再び高まっています。

ゴルフは、下半身で身体を安定させ、身体全体の力でボールを打つ競技です。スウィング動作を何度も繰り返すため体幹、特に腰への負担が大きくなります。腰痛は腰の筋肉の疲労と思われがちですが、臀部の筋肉の張りが腰痛の原因であることも少なくありません。腰と臀部のケアを併せて行えば、スウィング動作がしやすくなり、パフォーマンスが向上します。

〈鍼灸師による施術ポイント〉

体幹に施術を行い、腰の回旋をよくする

腰や背中の筋肉が硬くなっていると、腰をひねる動作の妨げになります。腰と併せて、体幹を支えている腹部やお尻の筋肉にも鍼治療を行います。

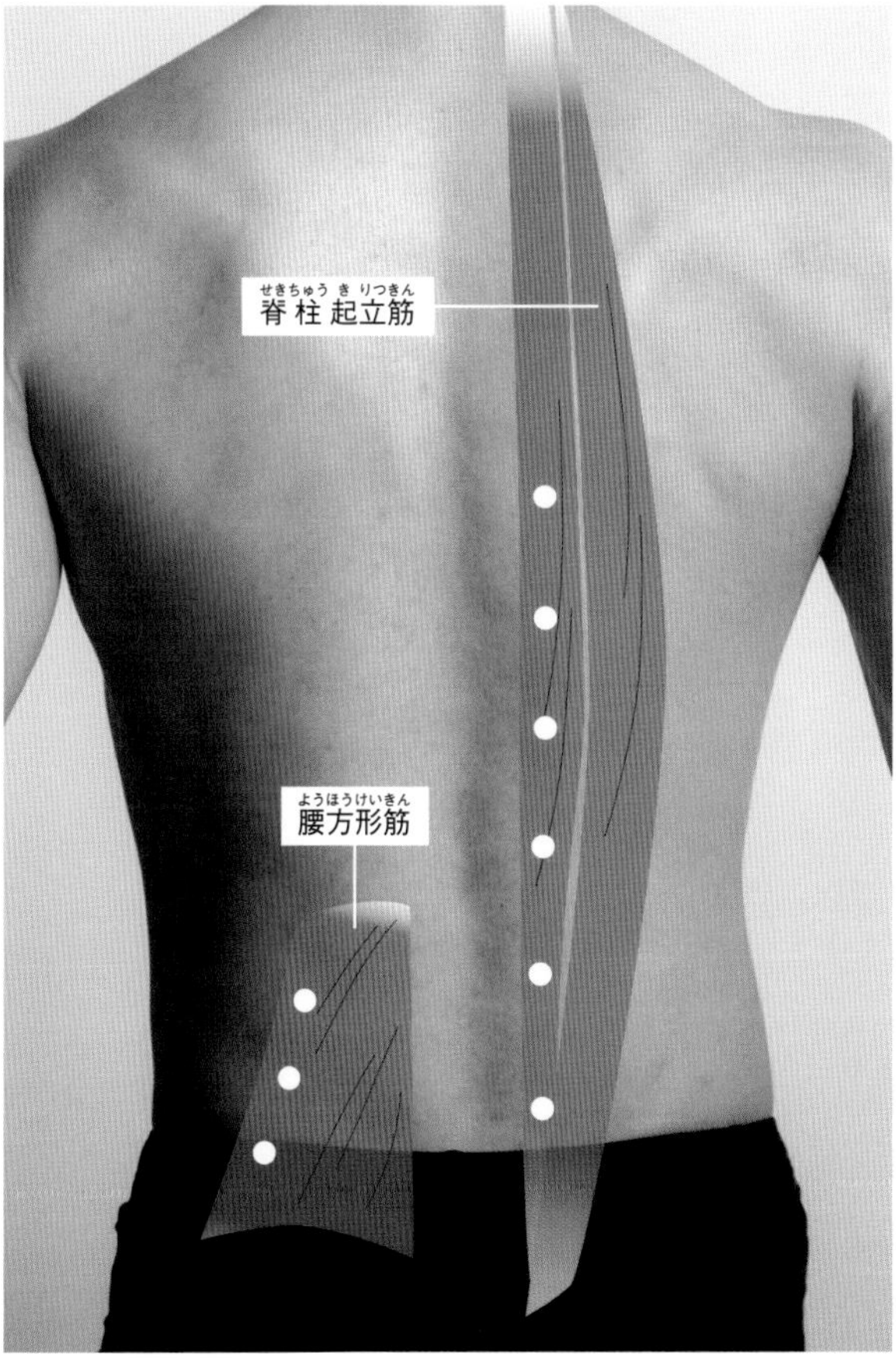

脊柱《せきちゅう》起《き》立筋《りつきん》・腰方形筋《ようほうけいきん》

脊柱《せきちゅう》起《き》立筋《りつきん》とは、背骨に沿って背中を縦に走っている筋肉群で、その名の通り、背骨を立たせて姿勢を支える働きがあります。腰方形筋は一番下の肋骨と骨盤をつないでいて、腰を横に曲げる、腰をひねるといった動作で使われます。こうした筋肉が硬いと腰の回旋が悪くなるため、鍼治療で硬さや疲労を改善します。

腹斜筋《ふくしゃきん》

いわゆる脇腹にあり、ウエストのくびれをつくっているのが腹斜筋《ふくしゃきん》です。皮膚表面近くにあるのが外腹斜《がいふくしゃ》筋《きん》、その下に内腹斜筋《ないふくしゃきん》が重なるようにあります。腹斜《ふくしゃ》筋《きん》も腰の回旋に関わる筋肉で、腰の動きをよくするためにここにも施術を行います。

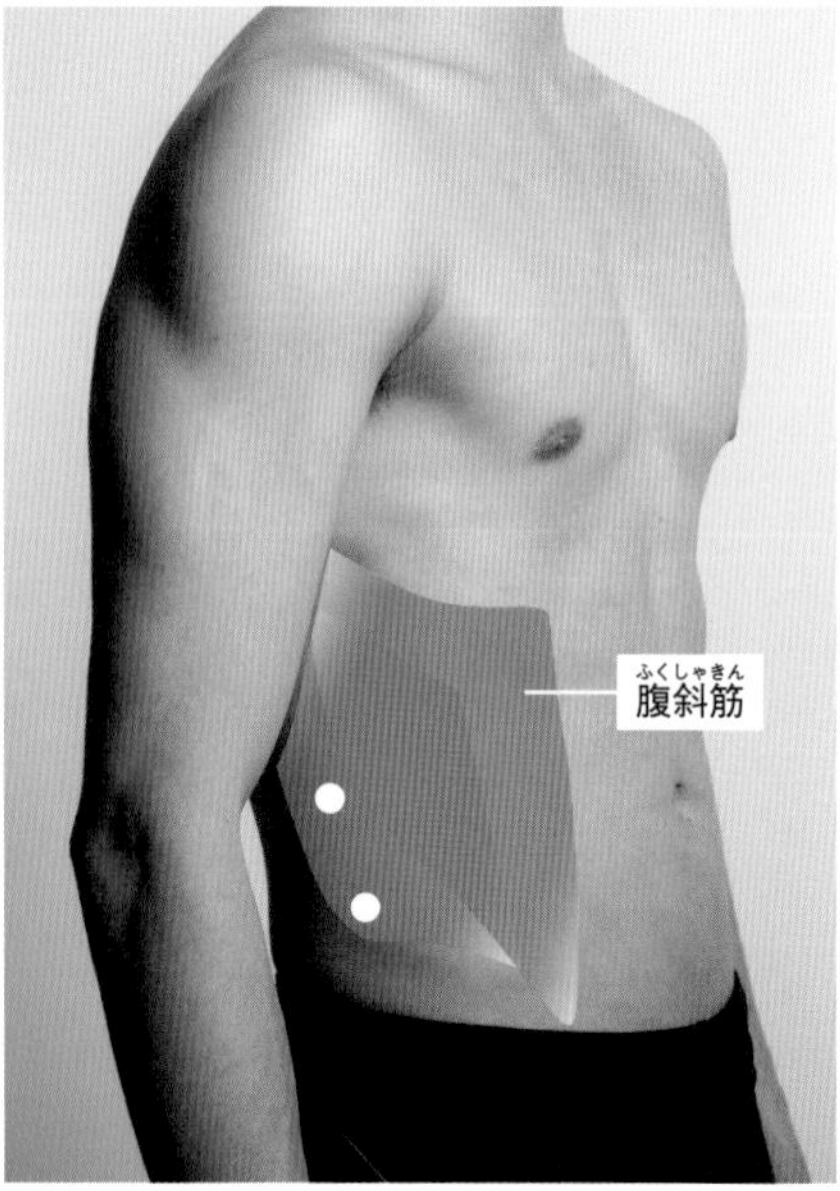

大臀筋《だいでんきん》・中臀筋《ちゅうでんきん》

お尻全体を覆っている大きな筋肉が大臀筋《だいでんきん》です。大《だい》臀筋《でんきん》の下で、骨盤の上端からお尻の上側にかけてあるのが中臀筋《ちゅうでんきん》です。これらの筋肉が硬いと背中の筋肉が後ろに引っ張られて反った状態になり、腰が動きにくくなるだけでなく腰痛の原因にもなります。

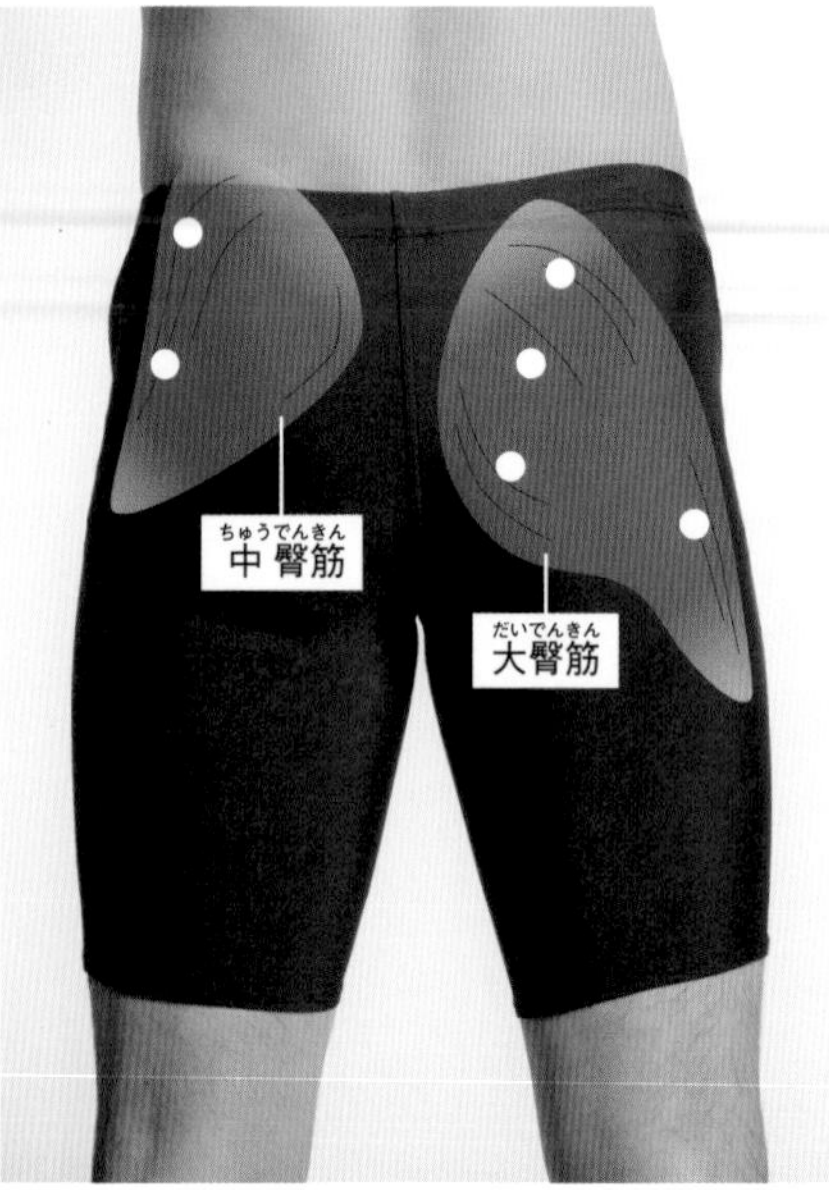

column 04

イライラして集中できないときは頭や手の経穴（ツボ）を刺激

スポーツではここ一番というときの集中力が問われます。自分のミスやほかのプレーヤーの言動にいちいちイライラしてしまうとプレーに集中できず、その人本来の力を発揮できなくなってしまいます。

イライラを感じたときは、経穴（ツボ）を刺激をするのもおすすめです。

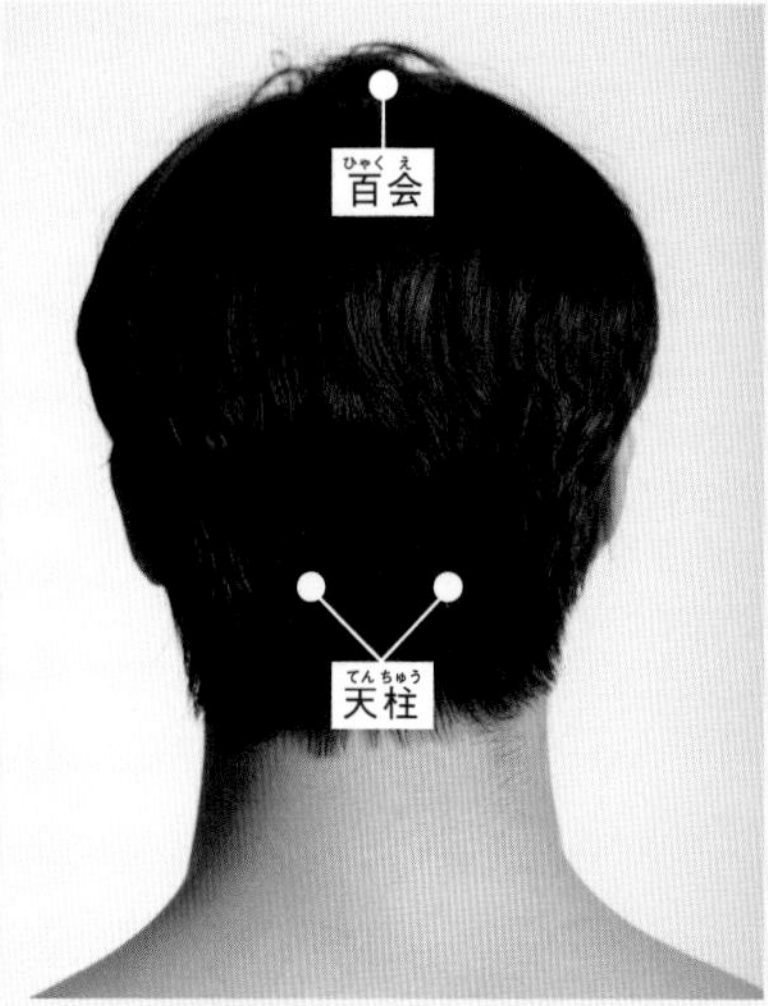

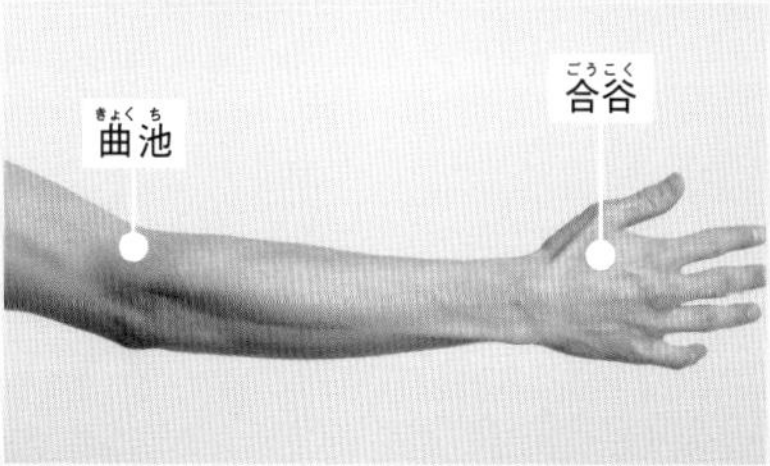

覚えておきたいのは、頭のてっぺんにある「百会《ひゃくえ》」、そして頭の後ろの髪の生え際にある「天柱《てんちゅう》」です。

また肘を曲げたときにできる関節のしわの外端にある「曲《きょく》池《ち》」や、手の人差し指と親指の間のくぼみにある「合谷《ごうこく》」も、リラックスさせてくれる経穴（ツボ）です。

ストレスを感じたらこまめに刺激し、気持ちを整えましょう。

腰にセルフ鍼を貼ってプレーしてもOK

セルフ鍼でのケアも腰まわりが中心になります。腰を動きやすくするためと腰痛予防のために、セルフ鍼を貼って練習やプレーをするのもよい方法です。汗をかいたら必ず交換しましょう。

脇腹

腹斜筋《ふくしゃきん》

ウエストの横側、脇腹の肋骨の一番下と骨盤の骨との中間あたりがセルフ鍼を貼る位置です。背中側と併せて腹《ふく》斜筋《しゃきん》も刺激を入れることで、腰の回旋動作を改善します。

腰の背中側

腰方形筋《ようほうけいきん》

ウエスト部分の背中側、背骨の両側に両手をおいて各手の平一枚分くらいが貼るポイントです。腰方形筋《ようほうけいきん》のような大きな筋肉をほぐすには、圧痛点を中心に3点くらいセルフ鍼を貼るといいでしょう。

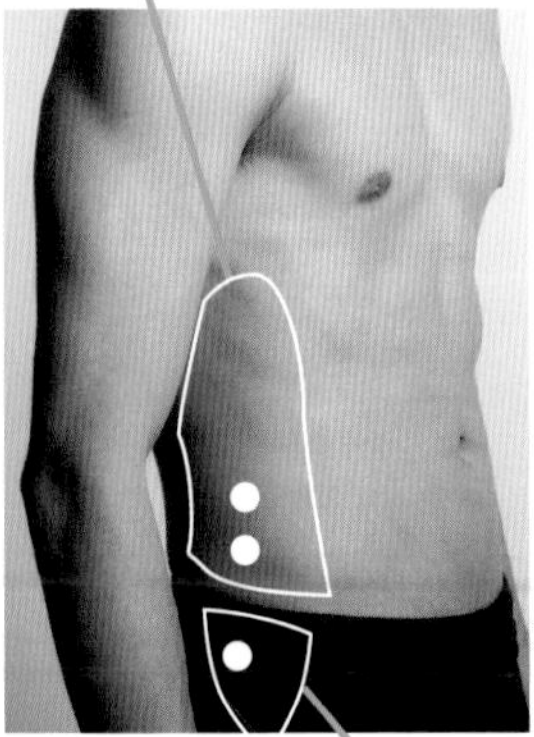

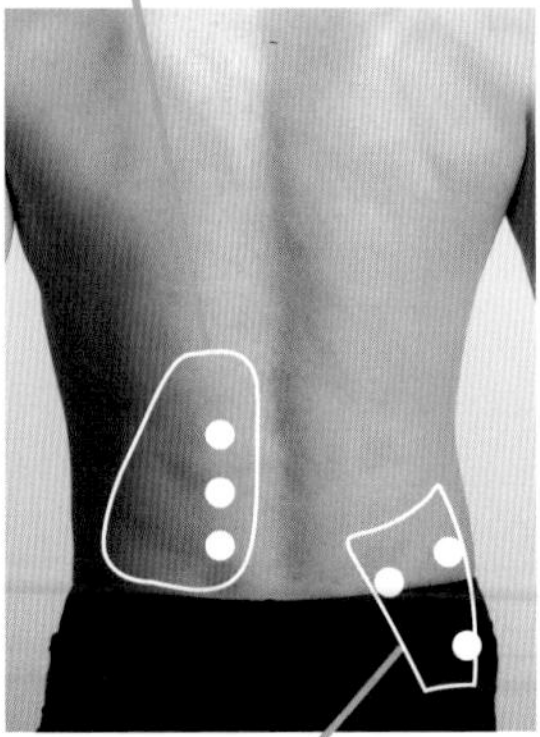

骨盤の骨のやや下

中臀筋《ちゅうでんきん》

腰に手をあてると骨盤の骨の張り出した部分（腸骨）に触れますが、そこから2cmほど下にセルフ鍼を貼ります。デスクワークで同じ姿勢を続けている人はここが凝りやすいのでケアを。

腰、背中、お尻の筋肉をまとめてストレッチ

腰から背中、お尻までを幅広く伸ばすストレッチです。痛みがあるときは無理のない範囲で行いましょう。右足を上げたときと左足とで左右差がある場合、硬いほうから先に始めます。

Golf

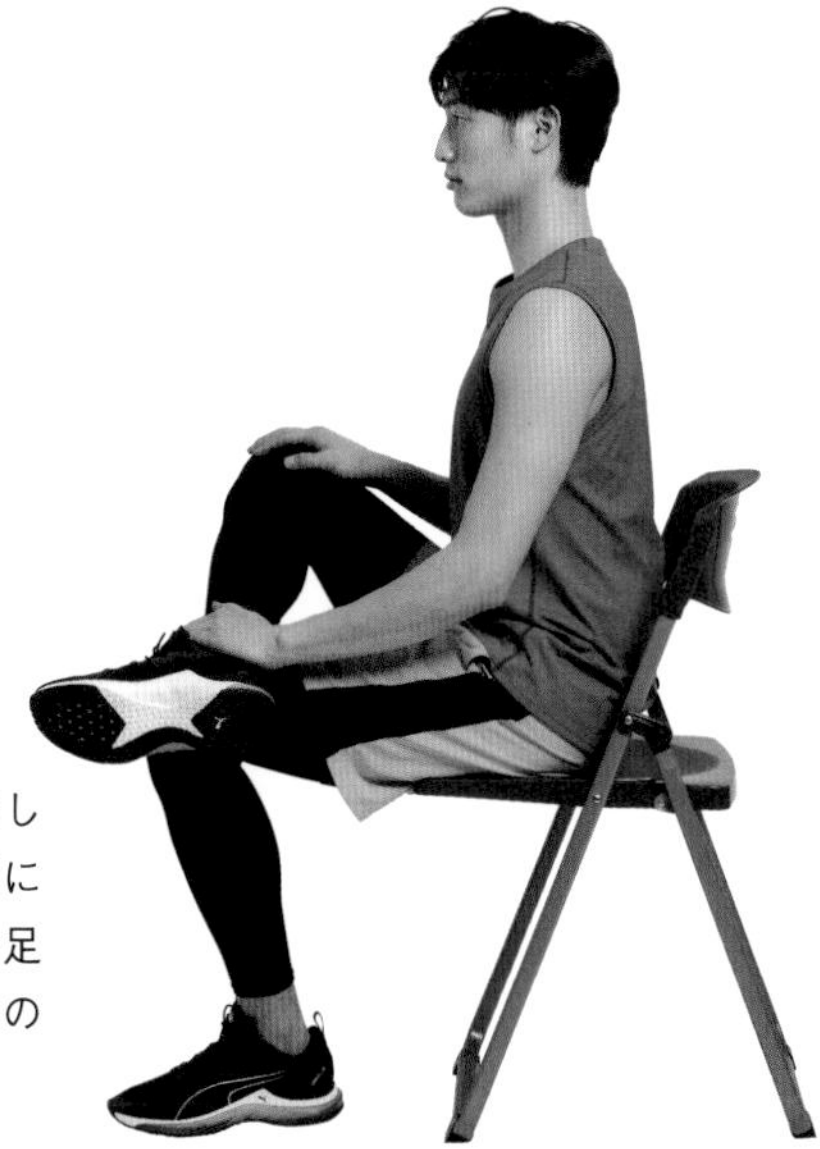

1

椅子に背筋を伸ばして座り、足は肩幅に置きます。次に右足を上げ、左足の膝の上にのせます。

背中が丸まらないように、腰から身体を倒す

2

右手で右膝を押さえるようにしながら、腰からまっすぐに上体を倒します。背中、腰、お尻の筋肉が伸びるのを感じながら10秒キープし、反対側も同じように行います。

息をしながら
10秒キープ

水泳

Swimming

負担のかかる肩や首をケアし、水中での推進力をつける

水泳は、オリンピックでもメダル獲得が期待される人気スポーツです。子どもから高齢者まで、多くの人が体力増進・健康維持などを目的に水泳に取り組んでいます。

水泳にはさまざまな種目がありますが、クロールやバタフライで腕を頭の上に持ってくる動作は、肩の上部にストレスがかかりやすいという特徴があります。同時に首にもストレスがかかるので、肩関節と併せて頸部のケアを行うことが重要です。肩や首をケアすると腕の伸びがよくなり、より遠くの水をキャッチできるようになって、水中での推進力が高まります。

〈鍼灸師による施術ポイント〉

首や肩上部の筋肉の可動域を広げる

施術によって、首や腕を上げるときの肩の筋肉をゆるめます。首〜肩の可動域が広くなると、息継ぎや水をかく動作がスムーズに行えるようになり、疲労や故障の予防にも効果的です。

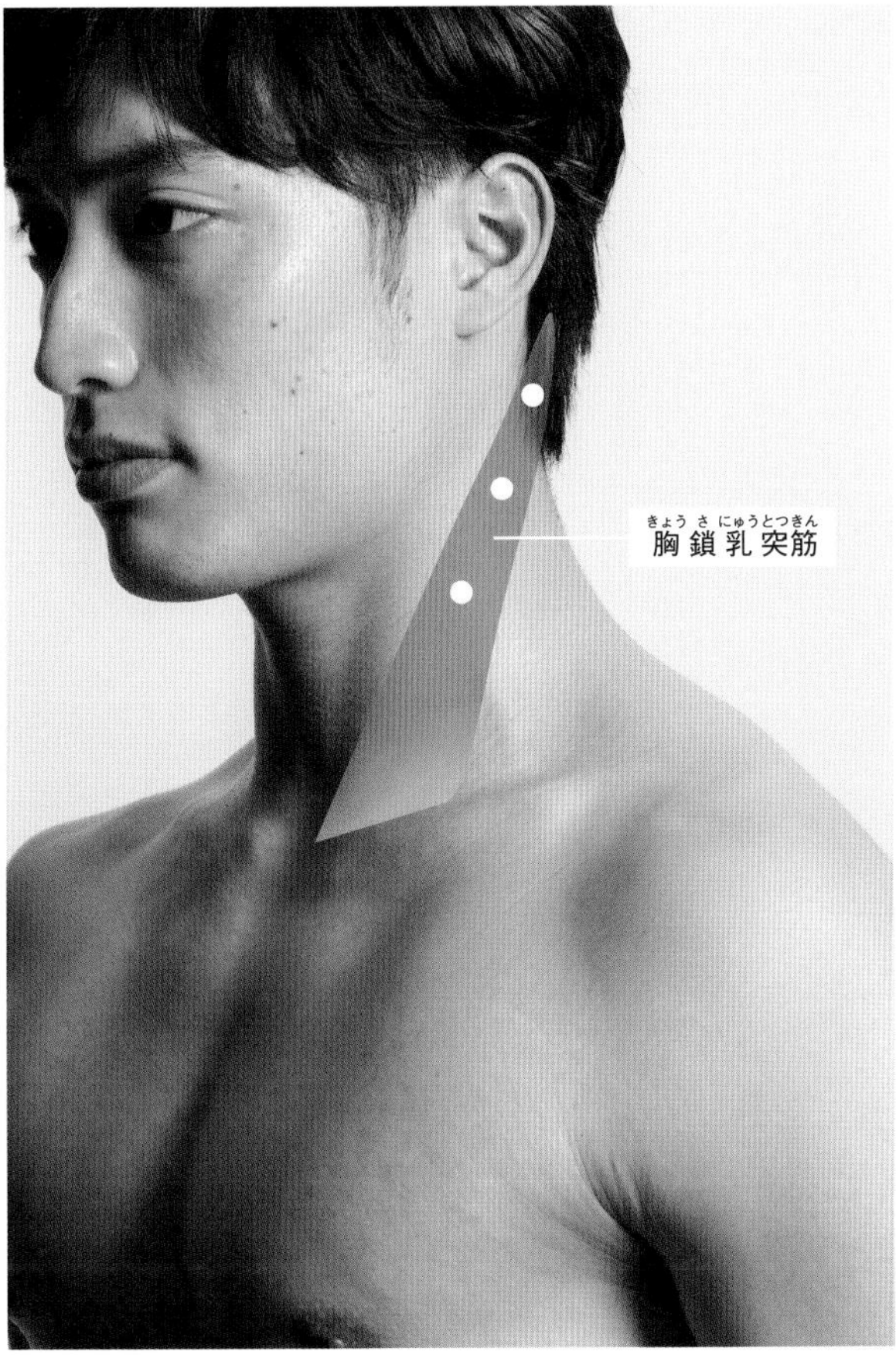

胸《きょう》鎖《さ》乳突《にゅうとつ》筋《きん》

胸鎖《きょうさ》乳突筋《にゅうとつきん》は、頭の後ろから首の外側を通り、胸の上の鎖骨まで、斜めにつながっている筋肉です。首を曲げたり、回転させる動作をつくるため、水泳ではよく使われます。施術でほぐすと首の可動域が広がり、息継ぎがしやすくなります。この筋肉が柔軟で左右のバランスがとれていると、首の凝りも起こりにくくなります。

僧帽筋《そうぼうきん》・肩甲挙筋《けんこうきょきん》

僧帽筋《そうぼうきん》は後頭部と肩先、背中の中央を結ぶ三角形の大きい筋肉です。肩甲挙筋《けんこうきょきん》は、後頭部から肩甲骨の上側につながっています。二つの筋肉は腕を上げるときに使われます。ここをゆるめると腕が伸びやすくなり、より遠くの水をキャッチできるようになります。

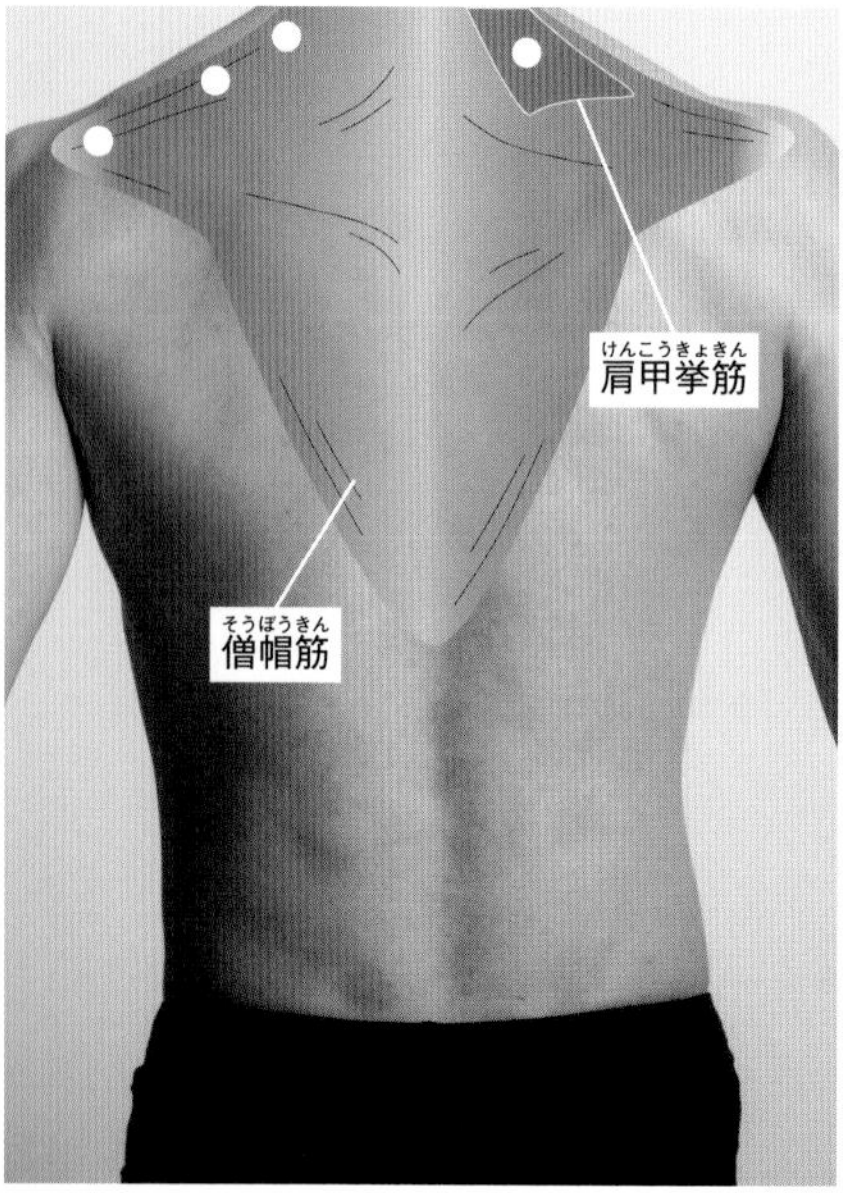

烏口腕筋《うこうわんきん》・上腕二頭筋腱《じょうわんにとうきんけん》

烏口腕筋・上腕二頭筋腱はともに、体の前面で腕を動かす動作に関わり、クロールやバタフライの泳法でよく使われます。この部位に張りがあると水中で水を後ろにかく（水をとらえる）力が弱くなるため、張りや疲労を残さないことが大切です。

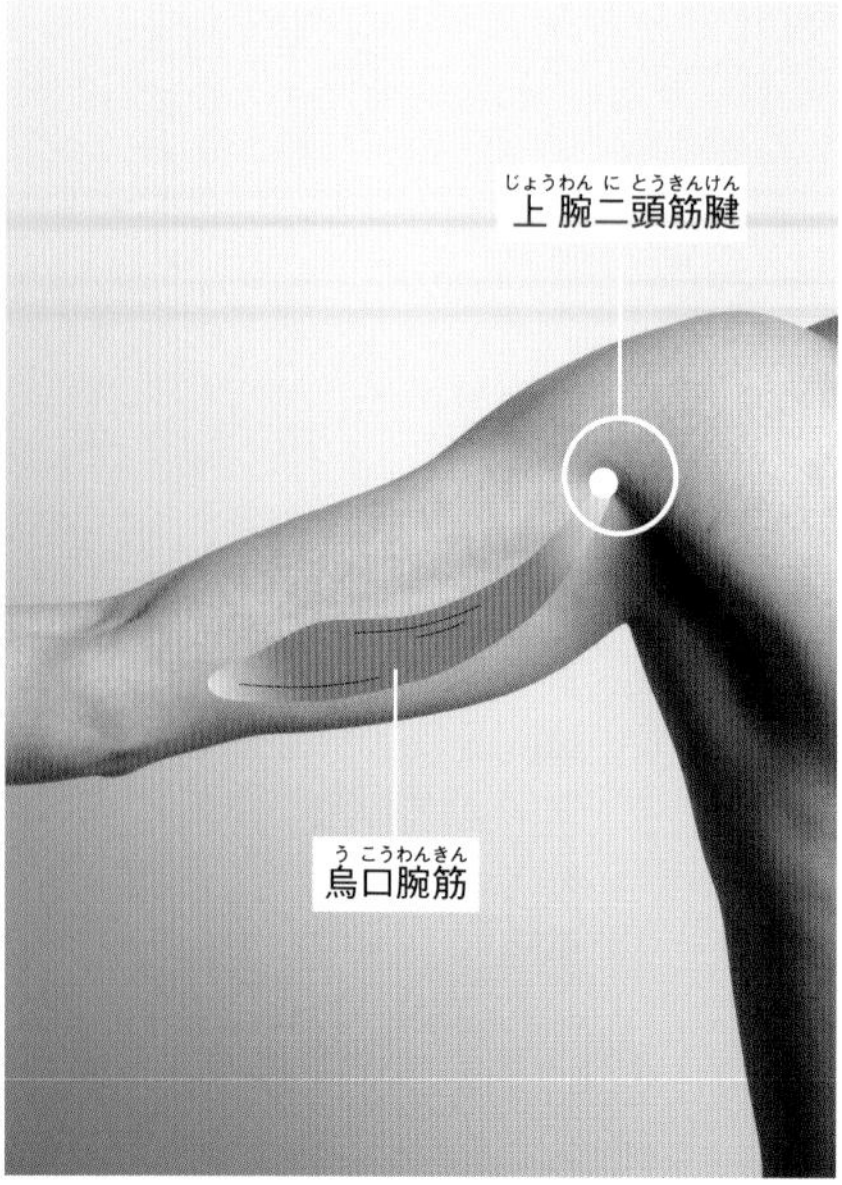

column 05

冷えが気になるときは へその横にある経穴（ツボ）を刺激

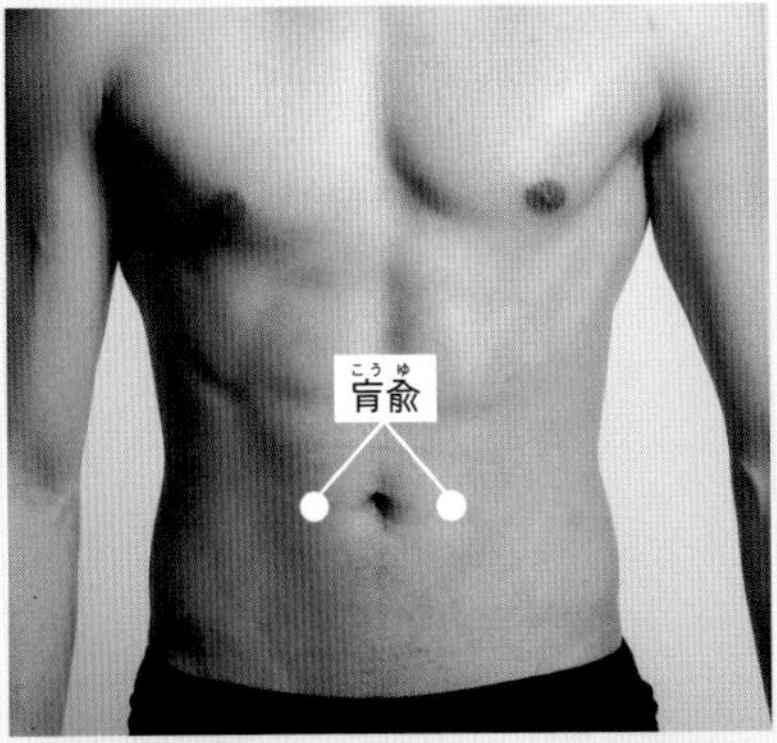

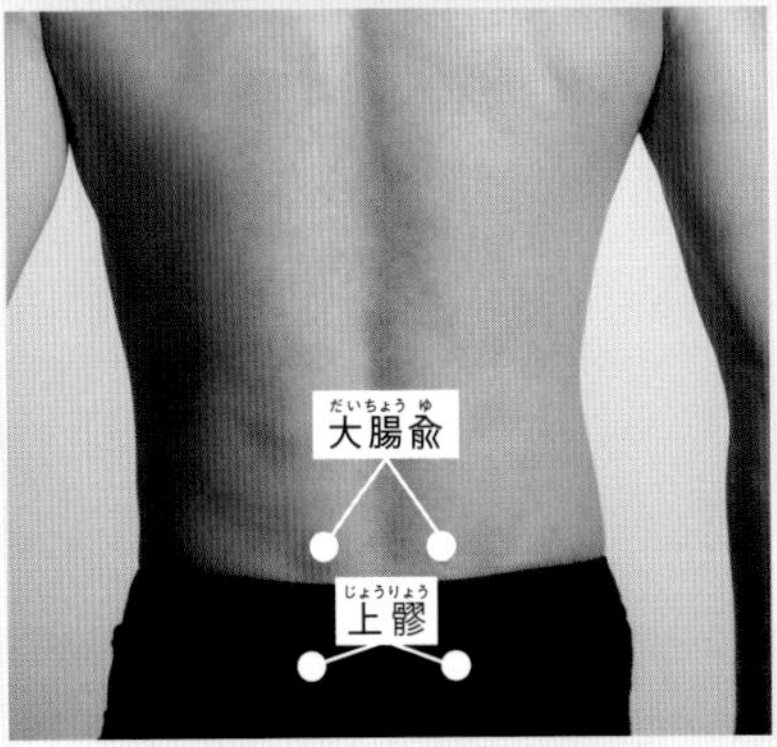

水泳は全身の筋肉を使う運動で、続けていると筋肉がついて代謝がアップし、冷え症の改善にもよいことが知られています。

ただし、水中で十分に動けない初心者が水に浸かっていると30分ほどで身体が冷えてしまいます。冷えたらタオルなどで保温し休憩する、温水に浸かるなどして、体温を保ちながら練習を続けるようにしましょう。

冷えの改善には、経穴（ツボ）を刺激する方法もあります。有名なのはへその横の左右にある「肓兪《こうゆ》」です。臓器の働きをよくして身体を温める作用があります。さらに背骨を下がって終点部分の指二本外側に「大腸兪《だいちょうゆ》」、その下、臀部の平らな骨（仙骨）上部の陥没した箇所「上髎《じょうりょう》」も臓器を整え、冷えを改善します。冷房の効いた部屋で足が冷えたときは、足裏の「湧泉《ゆうせん》」を刺激するのもよい方法です。

水泳でよく使う肩まわりと背中の筋肉をケア

セルフケアでは、肩や背中の大きい筋肉をほぐします。セルフ鍼は水に濡れる状況では使用できないため、夜の就寝前などに貼り、泳ぐときは外して水に入ってください。

肩の背中側の上側

僧帽筋《そうぼうきん》

僧帽筋《そうぼうきん》にもセルフ鍼を貼ります。僧帽筋《そうぼうきん》は背中の大きい筋肉ですが、自分で貼るなら僧《そう》帽筋《ぼうきん》の上側、首から肩先までの間や、首の付け根付近に貼るといいでしょう。肩凝りの解消にも効果的です。

肩の横、前側

三角筋《さんかくきん》、上腕《じょうわん》二《に》頭筋腱《とうきんけん》

水をかく動作で使う筋肉をゆるめます。両肩の真横、三角筋《さんかくきん》の中央の押すと気持ちがいい点にセルフ鍼を貼ります。同じように肩の前側の付け根（上腕《じょうわん》二《に》頭筋腱《とうきんけん》）にも数カ所貼ります。

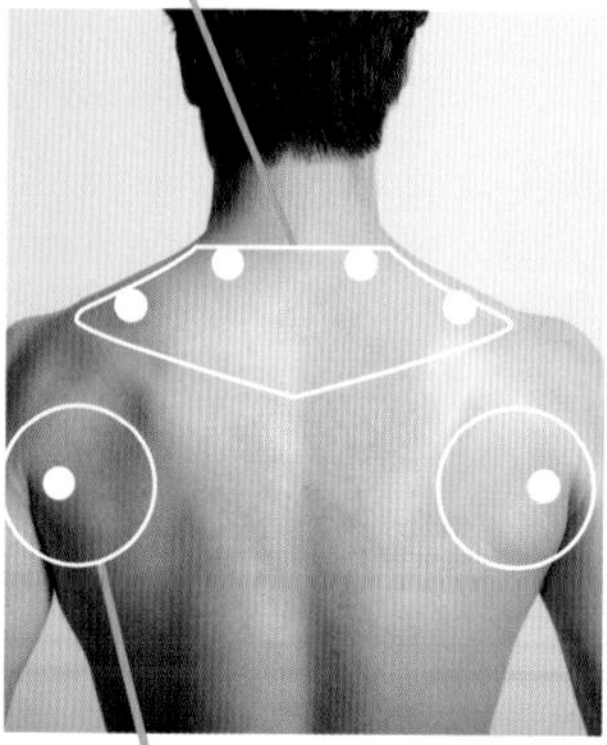

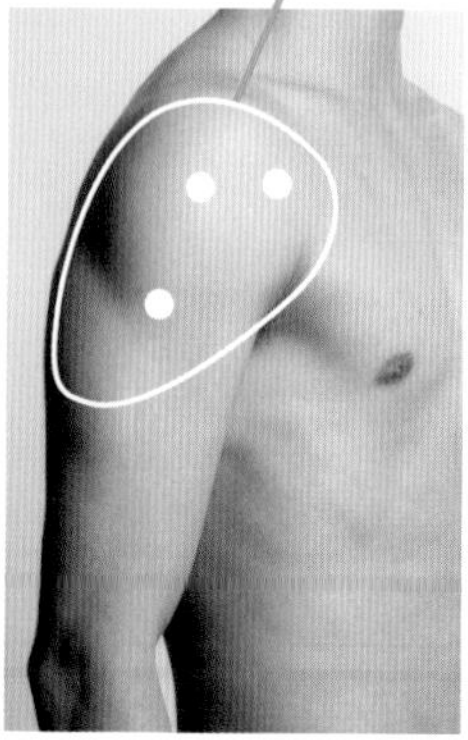

脇の下の背中側

広背筋《こうはいきん》

広背筋《こうはいきん》は脇の下から腰にかけての背中側にある筋肉です。肩甲骨を寄せるときなどに使われますが、腕を伸ばす動作でも連動するため、ここをほぐすと腕の伸びがよくなります。

Swimming

〈自分でできるセルフケア②…ストレッチ〉

首から肩にかけての筋肉を柔軟にする

胸《きょう》鎖《さ》乳突《にゅうとつ》筋《きん》、僧帽筋《そうぼうきん》、肩甲挙筋《けんこうきょきん》をストレッチします。肩が動かないように手で押さえ、首の横を伸ばします。その状態で頭をゆっくり上下に動かすと、首から背中の上までが柔軟になります。

1

背筋を伸ばし、足を肩幅に開いて立ちます。左手で右の肩を押さえ、頭を左に傾けて首の右横を伸ばします。

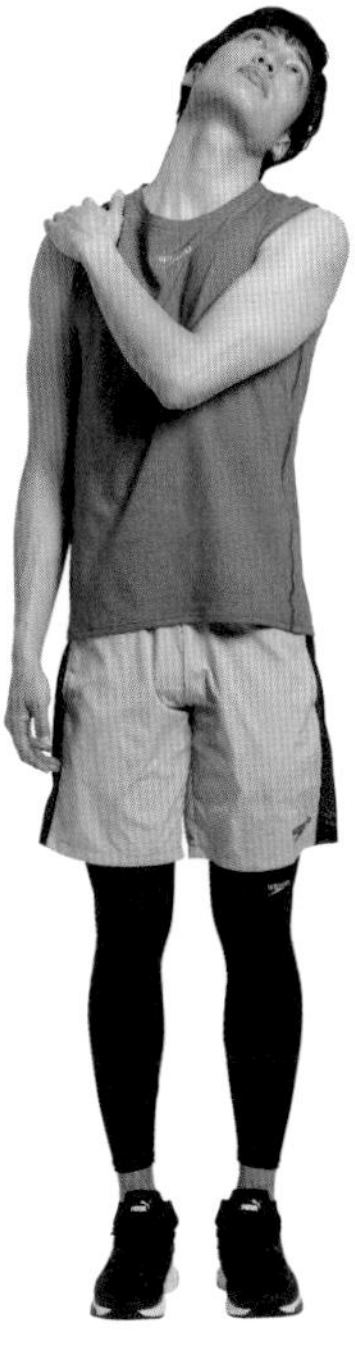

肩は上がらないように水平に。痛みがあるときは無理をしない

息をしながら上向き、下向きで各10秒

2

首の横を伸ばしたまま、首をゆっくり上下に動かします。上を向いて10秒、下を向いたところでも10秒キープし、反対側も同様に行います。

バネ筋メソッド 06

テニス

Tennis

腕の筋肉をゆるめて肘や手首の故障を防ぐ

テニスは学校の部活動のほか、一般市民を対象としたテニスクラブも各地に多くあり、年齢を問わず多くの人に親しまれているスポーツです。

テニスでは、ボールがラケットに当たるインパクトのときに肘や手首に大きな力がかかります。スポーツ鍼では前腕（肘から手首）や上腕（肩から肘）の筋肉をゆるめ、肘や手首の故障を予防します。またボレーの動作で肘の外側に痛みが出ることがあります。いわゆるテニス肘です。ここに痛みが出ると日常動作にも支障が生じるため、日頃のケアが重要です。施術により、強いボールを打てるようになります。

〈鍼灸師による施術ポイント〉

負荷がかかる腕の筋肉に施術をする

ラケットを握る側の腕に鍼治療をします。バックハンドの繰り返しによって負荷がかかる部位をほぐしておくと、手首や肘関節を柔らかく使えるようになり、競技力の向上が期待できます。

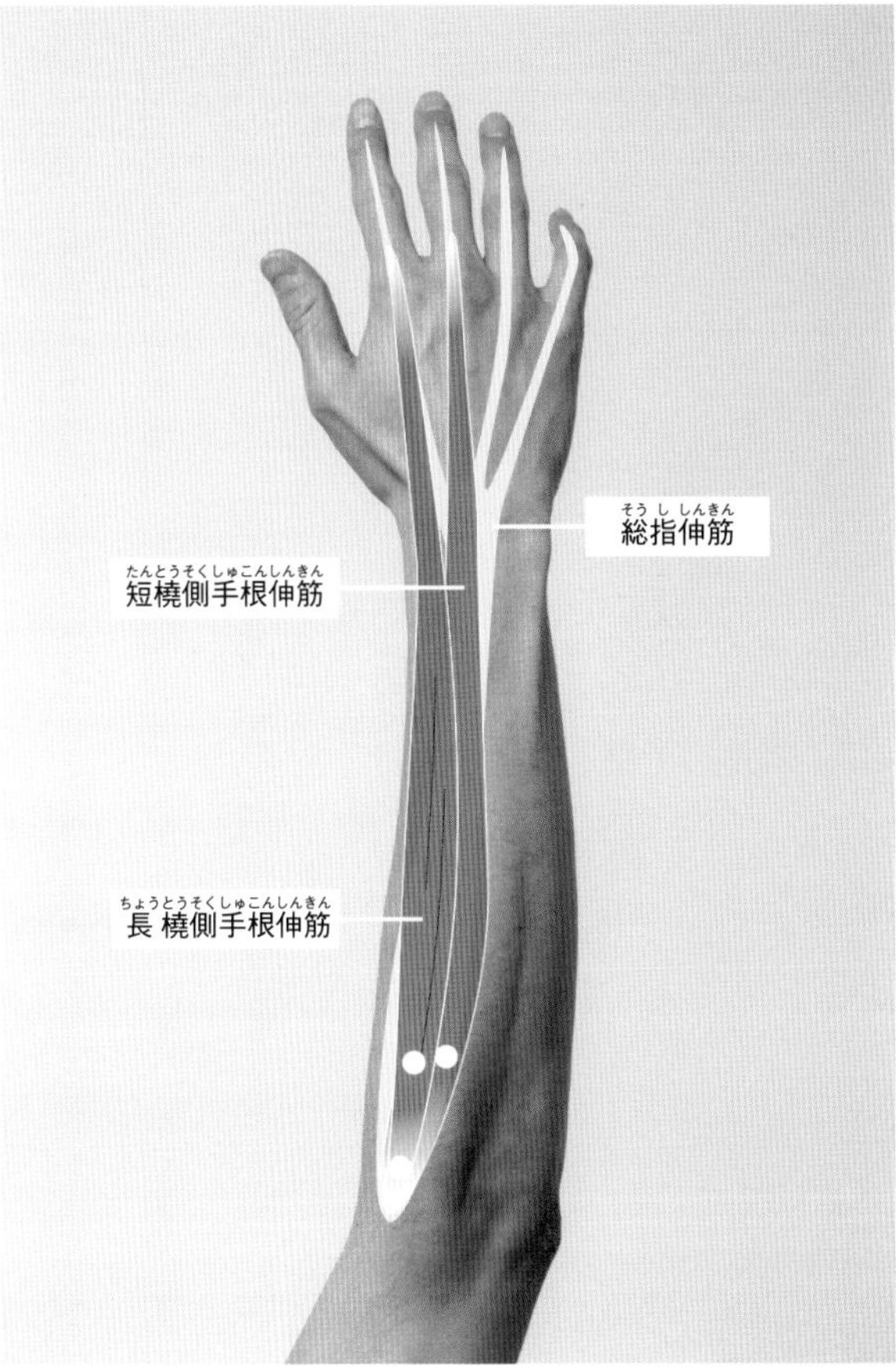

短橈側手根伸筋《たんとうそくしゅこんしんきん》・長橈側手根伸筋《ちょうとうそくしゅこんしんきん》・総指伸筋《そうししんきん》

短橈側手根伸筋《たんとうそくしゅこんしんきん》と長橈側手根《ちょうとうそくしゅこん》伸筋《しんきん》は、肘から手首にかけての親指側にある筋肉です。総指伸筋《そうししんきん》は、肘から手の甲に向けて腕の外側にある筋肉です。いずれもバックハンドで打つときに大きい力がかかります。ここに日常的に鍼を施して凝りや疲労を取り除いておくと、肘や手首の痛みを予防することができます。

上腕《じょうわん》二頭筋《にとうきん》・上腕《じょうわん》三頭筋《さんとうきん》

肘を曲げるときには上腕《じょうわん》二頭筋《にとうきん》が収縮し、反対に上《じょう》腕三頭筋《わんさんとうきん》が伸びます。肘を伸ばすときはこの逆の動きになります。これらの筋肉が硬いとボールを打つときに肘に負担がかかり、故障の原因になるため施術によって筋肉をほぐし筋収縮をよくします。

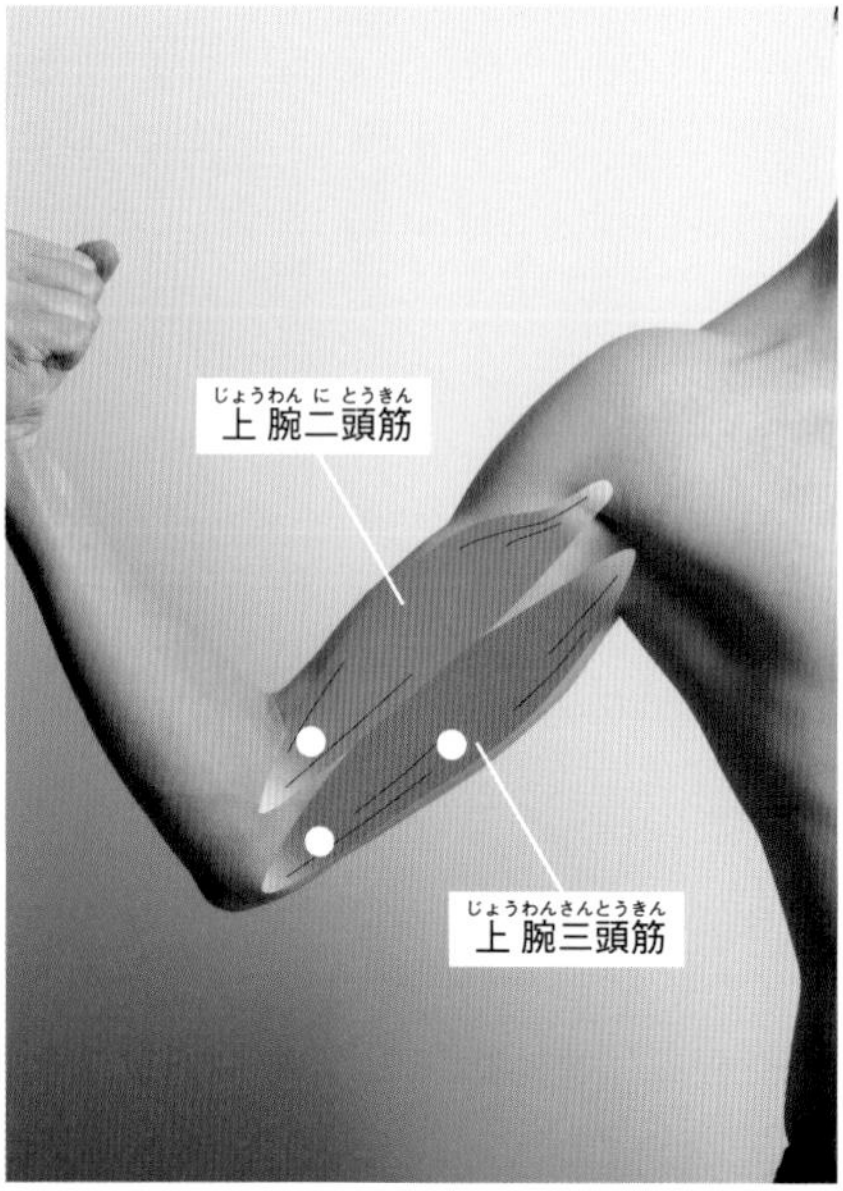

肘の外側上顆《がいそくじょうか》

肘の外側に炎症が起こり、痛みが出てくるのが「テニス肘」と呼ばれる症状です。ものをつかんで持ち上げる、タオルを絞るといった動作でも痛むため、生活での支障が大きくなります。痛みの緩和、予防のためにこの部位の腱などに鍼治療を行います。

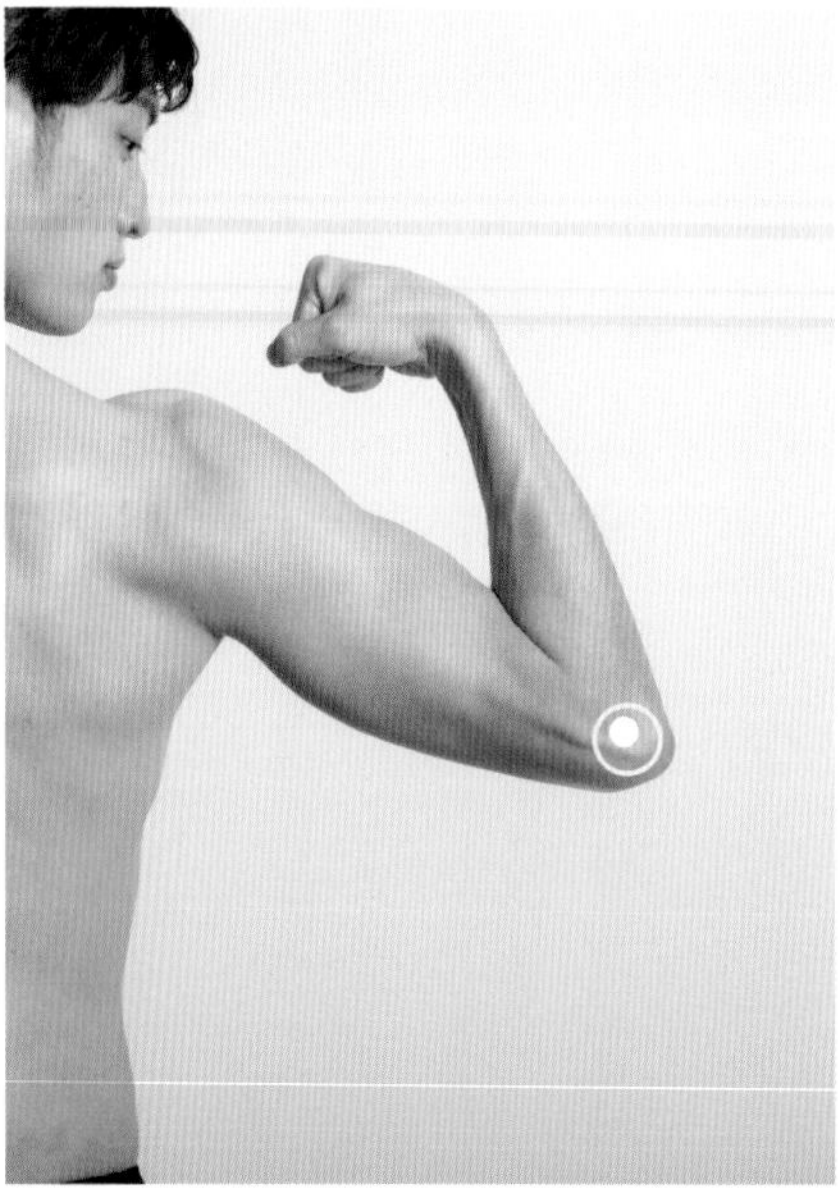

column 06

夏バテによる疲労・だるさは経穴(ツボ)の刺激で改善

テニスなどの屋外で行われることが多いスポーツは、夏の暑さの影響を受けやすいものです。日中に厳しい暑さにさらされ、さらに夜間も蒸し暑く、寝苦しさから睡眠が不十分になると、疲労やだるさが抜けない、食欲が出ないなど「夏バテ」に陥りやすくなります。

夏バテ予防は規則正しい生活をし、寝室の環境を整えてしっかり睡眠・休養をとり、経穴(ツボ)刺激も併せて行うといいでしょう。基本となるのは、みぞおちとへその中央にある「中《ちゅう》脘《かん》」、へそから指二本分下にある「気《き》海《かい》」。呼吸を深くして胃腸の動きを改善し、疲労感をやわらげます。また手の甲の手首関節中央にある「陽《よう》池《ち》」や、手を握ったときに中指と薬指が当たる中間にある「労《ろう》宮《きゅう》」なども、血流を促してだるさ解消に役立ちます。

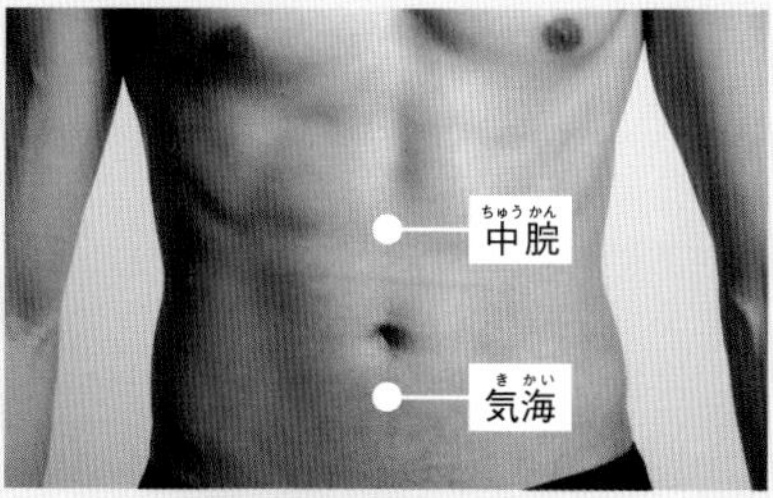

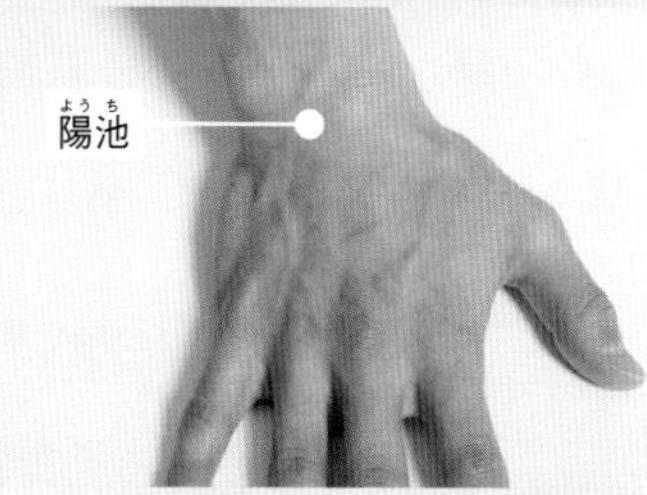

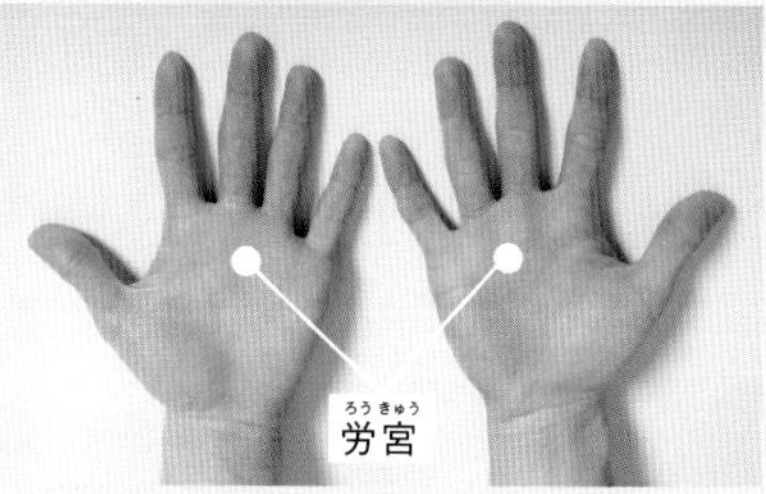

肘や手首などをケアして、痛みや炎症を予防

セルフケアのポイントは肘と上腕の筋肉、手首です。痛みが出やすい人は、日頃から肘の外側や手首にセルフ鍼を貼っておくと安心です。痛みや炎症が強いときは病院を受診してください。

肘の外側上顆付近

肘の関節の外側のあたりで、指で押して痛みや気持ちよさがあるポイントにセルフ鍼を貼ります。疲労の解消や、テニス肘による痛みの予防に効果が期待できます。

手首周囲

親指側

手首の疲れや痛みの出やすいところもケアが必要です。特に手の甲の手首関節の親指側は、テニスで負担がかかる箇所です。セルフ鍼を貼っておくと、手首のスナップ力強化も期待できます。

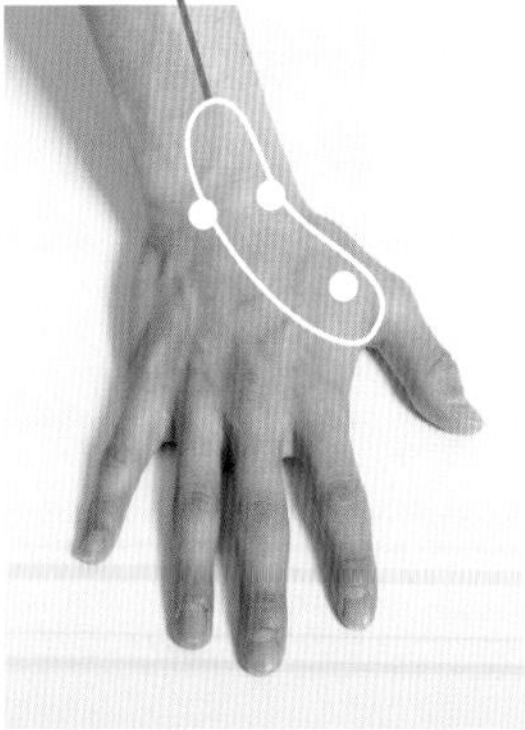

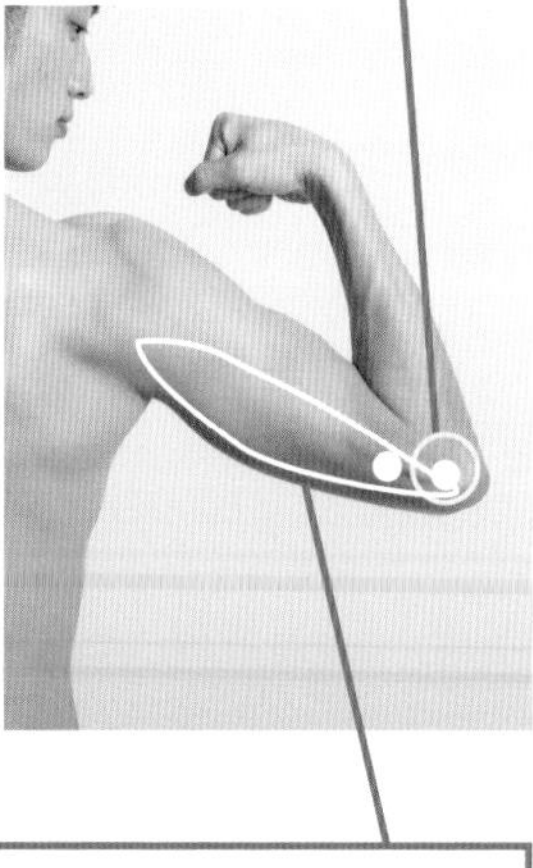

上腕の外側

上腕三頭筋《じょうわんさんとうきん》

肘から肩にかけての腕の筋肉で、凝りや痛みを感じる部分に貼ります。特に腕の筋肉の裏側（上腕三頭筋《じょうわんさんとうきん》）は意外に疲れのたまりやすいところです。セルフケアでほぐしましょう。

〈自分でできるセルフケア②…ストレッチ〉

手の甲を床につき、腕の筋肉をストレッチ

前腕の外側の筋肉をほぐすストレッチです。四つんばいの姿勢で手の甲を下にして床につき、体重を足側にかけて腕を伸ばします。痛みがあるときは無理のない範囲で行います。

Tennis

1

両手足を肩幅の広さで垂直に床につき、四つんばいの姿勢をとった後、そこから両手を返して、両手の甲が床についた状態にします。

肘を伸ばし、
前腕の外側の
筋肉を意識

2

肘を伸ばしたまま、膝を曲げて体重をゆっくり後ろ側に移動させます。腕の外側の筋肉が伸びるのを感じるところで、10秒キープします。

**息をしながら
10秒キープ**

空手・クライミング

Karate・Climbing

新しく採用された「空手」と「クライミング」の鍼治療

東京２０２０オリンピック大会で採用された新競技に「空手」と「スポーツクライミング」があります。

空手には、一対一で戦う「組手」と、技の演武である「型」があります。組手は不意の衝撃による外傷が多いため、治療と早期回復が重要です。一方の型は、身体の動きをよくし、障害を予防する施術が中心になります。

スポーツクライミングは、壁についたホールド（突起物）を使って登る速さやコースを競う競技です。全身の筋肉をバネのように使って推進力を生みますが、特に全体重がかかる手や前腕を中心とした施術を紹介します。

特有の動作により傷めやすい筋肉をケアする

空手では脚を高く蹴上げる「上段蹴り」などの動作があり、脚の後ろのハムストリングスを傷めることが少なくありません。脚や膝裏の筋肉を柔軟に保つことが障害予防になります。

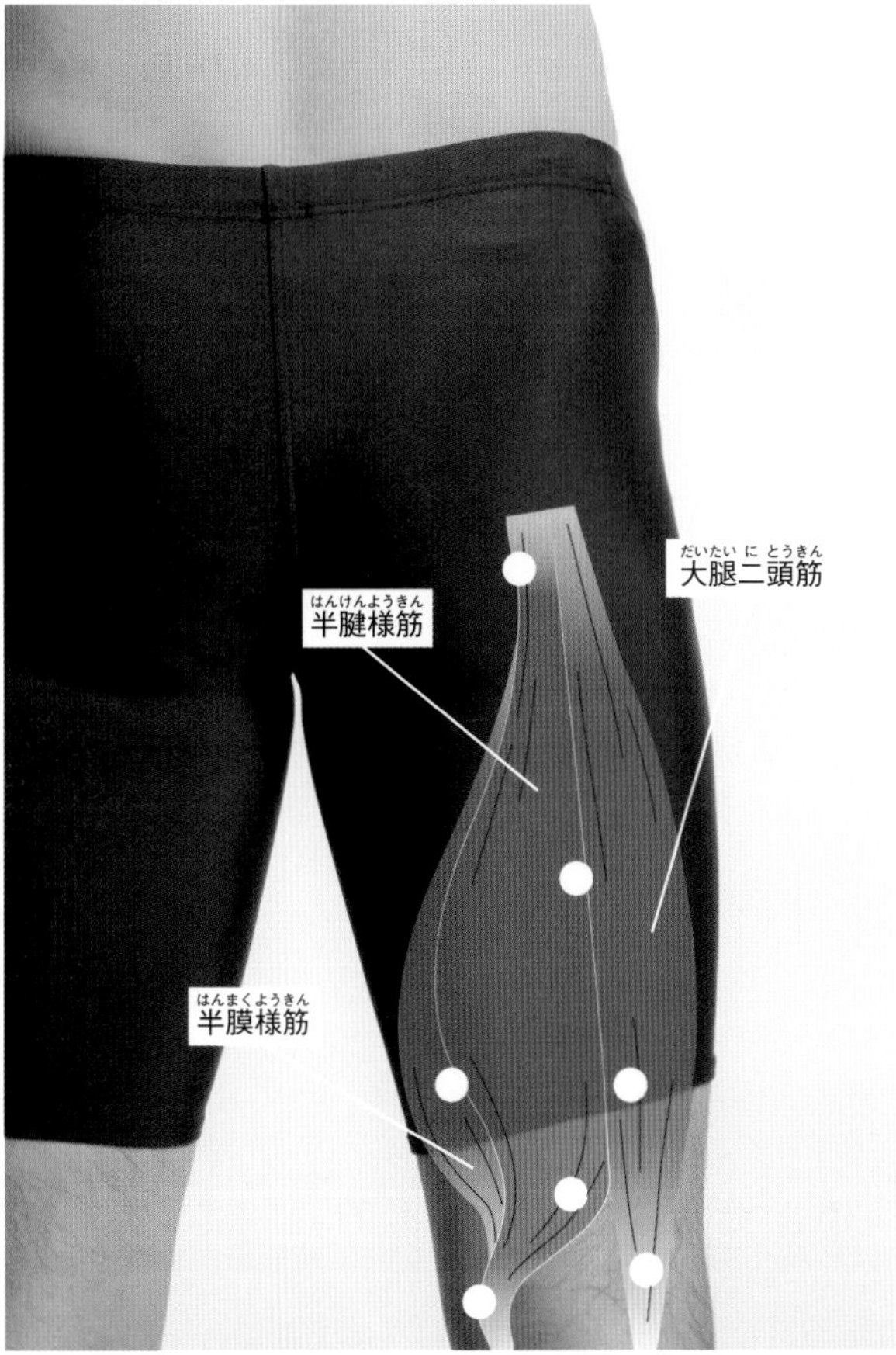

ハムストリングス

ハムストリングスは、脚の付け根から膝裏にかけて走る大腿二頭《だいたいにとう》筋《きん》や半腱様筋《はんけんようきん》、半膜様筋《はんまくようきん》などの総称です。ハムストリングスは膝を曲げる筋肉ですが、ここが疲労で硬くなっていると、蹴りなどで瞬間的に強い力がかかったときに肉離れを起こしやすくなります。鍼やストレッチで筋肉をほぐし、太ももの裏を柔軟に保ちます。

膝窩筋《しっかきん》

膝の裏側にある膝窩筋《しっかきん》も、膝を使う動作で疲労がたまりやすいポイントです。ハムストリングスと併せて施術することで、肉離れや膝痛などの故障の予防になります。また膝窩筋《しっかきん》は膝の安定にも関わる筋肉のため、脚を使う動作のキレもよくなります。

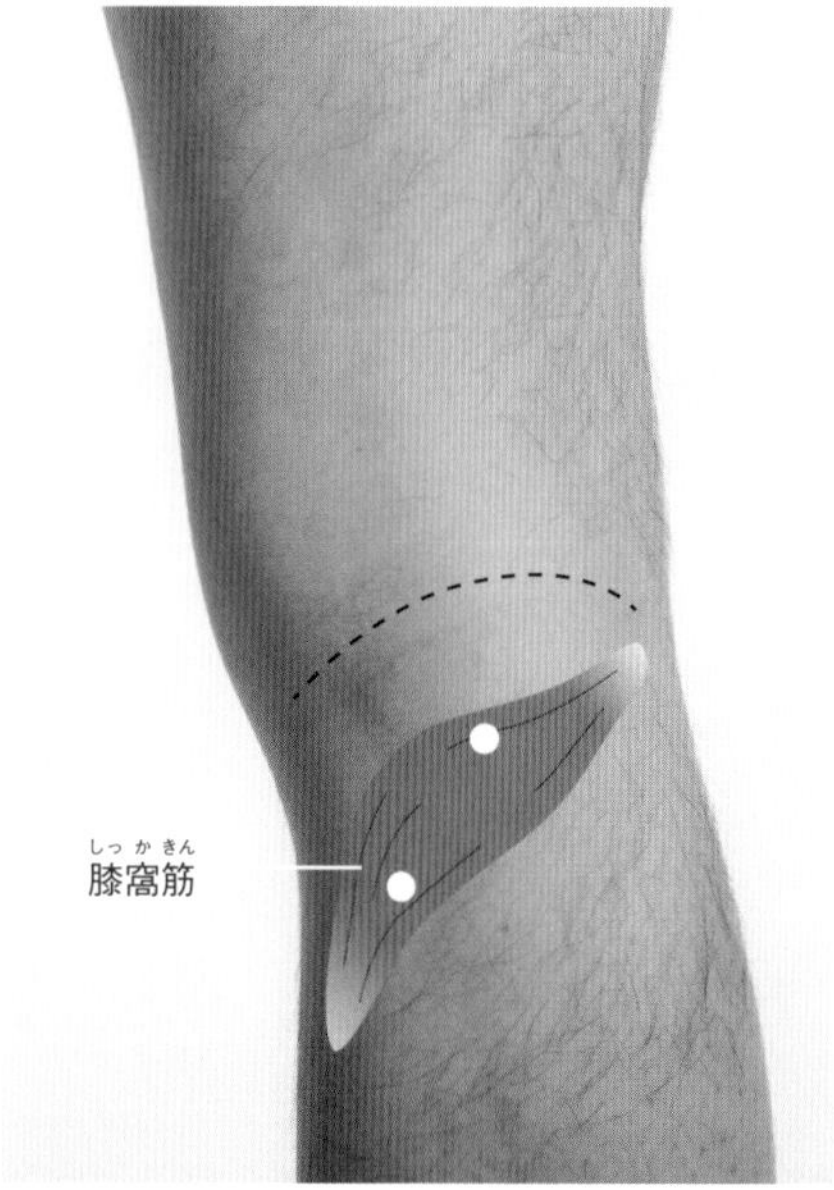

内転筋群《ないてんきんぐん》

内転筋群《ないてんきんぐん》は太ももの内側にある筋肉群です。脚を閉じるなど脚の内側に力のかかる動作や、脚をもち上げるときに使われます。内転筋群《ないてんきんぐん》が硬くなっていると脚が十分に上がらないうえ、踏ん張る力も弱まります。施術によって血行を促進し、筋肉を柔らかくします。

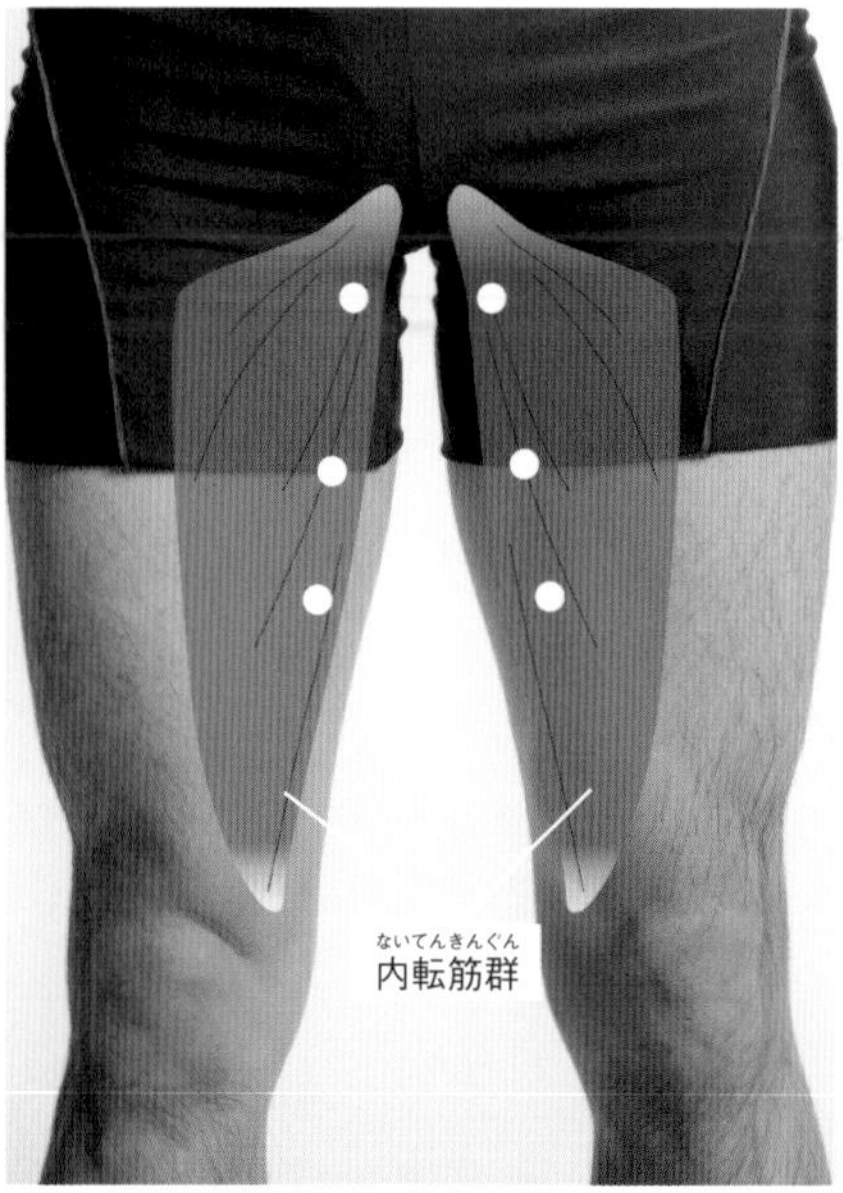

Climbing

クライミング〈鍼灸師による施術ポイント〉

前腕屈筋群《ぜんわんくっきんぐん》に施術し、手指のホールド力を強化する

クライミングでは手指をフックのように使って自分の全体重を支えるため、手指のホールド力が重要になります。手の平を曲げる前腕の内側の筋肉を中心に、施術を行います。

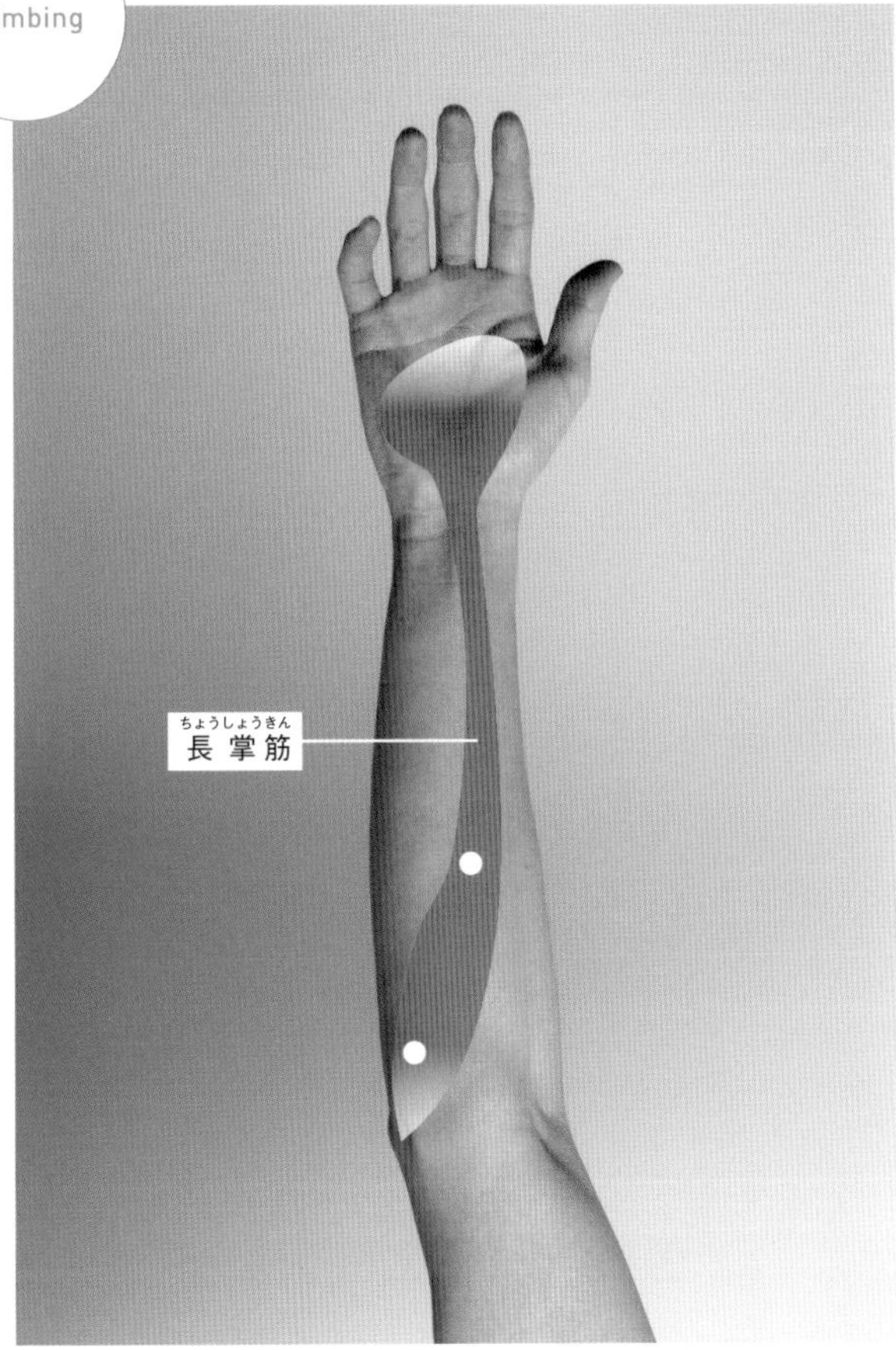

長掌筋《ちょうしょうきん》

長掌筋《ちょうしょうきん》は前腕の内側の肘から手の平の付け根にかけての筋肉です。長掌筋《ちょうしょうきん》が収縮すると手の平全体が内側に曲がります。クライミングは壁の突起に手指や手の平をかけて移動する動きを繰り返すため、長掌筋《ちょうしょうきん》をはじめとした前腕の筋肉に疲労が出やすくなります。電気鍼（36ページ参照）で刺激をし緊張や疲れを取り除きます。

尺側手根屈筋《しゃくそくしゅこんくっきん》・橈側手根屈筋《とうそくしゅこんくっきん》

尺側手根屈筋《しゃくそくしゅこんくっきん》は、掌の小指側を曲げる筋肉で、橈《とう》側手根屈筋《そくしゅこんくっきん》は、掌の親指側を曲げる筋肉です。長掌《ちょうしょう》筋《きん》と同様に、クライミングの動きでダメージを受けやすい筋肉です。これらの筋肉を柔軟にしておくと、手首の関節痛の予防にも有効です。

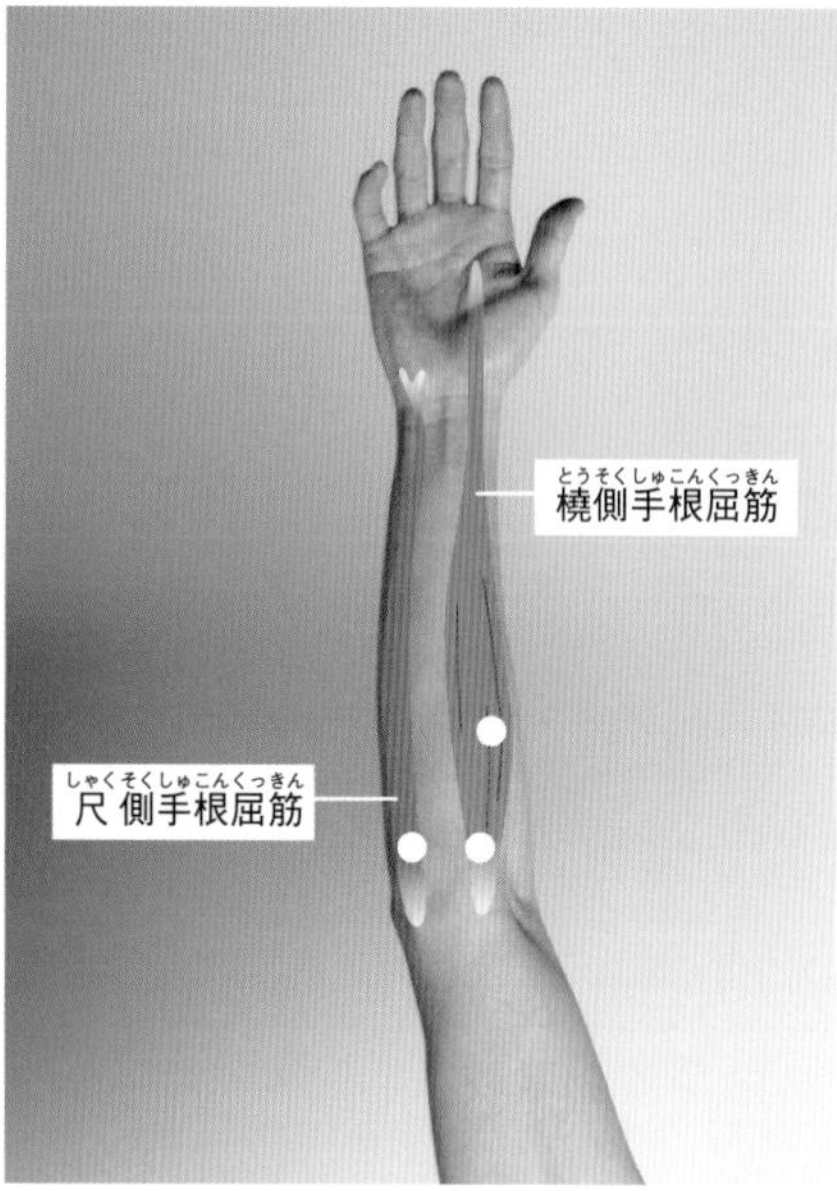

肘筋《ちゅうきん》

肘関節の間近にある小さい筋肉ですが、肘関節を安定させる働きがあります。この筋肉が疲労すると強い痛みはないものの、空手の突きなどの肘を曲げ伸ばしする動作で違和感が出ることが多く、パフォーマンス低下につながるため、セルフケアが重要です。

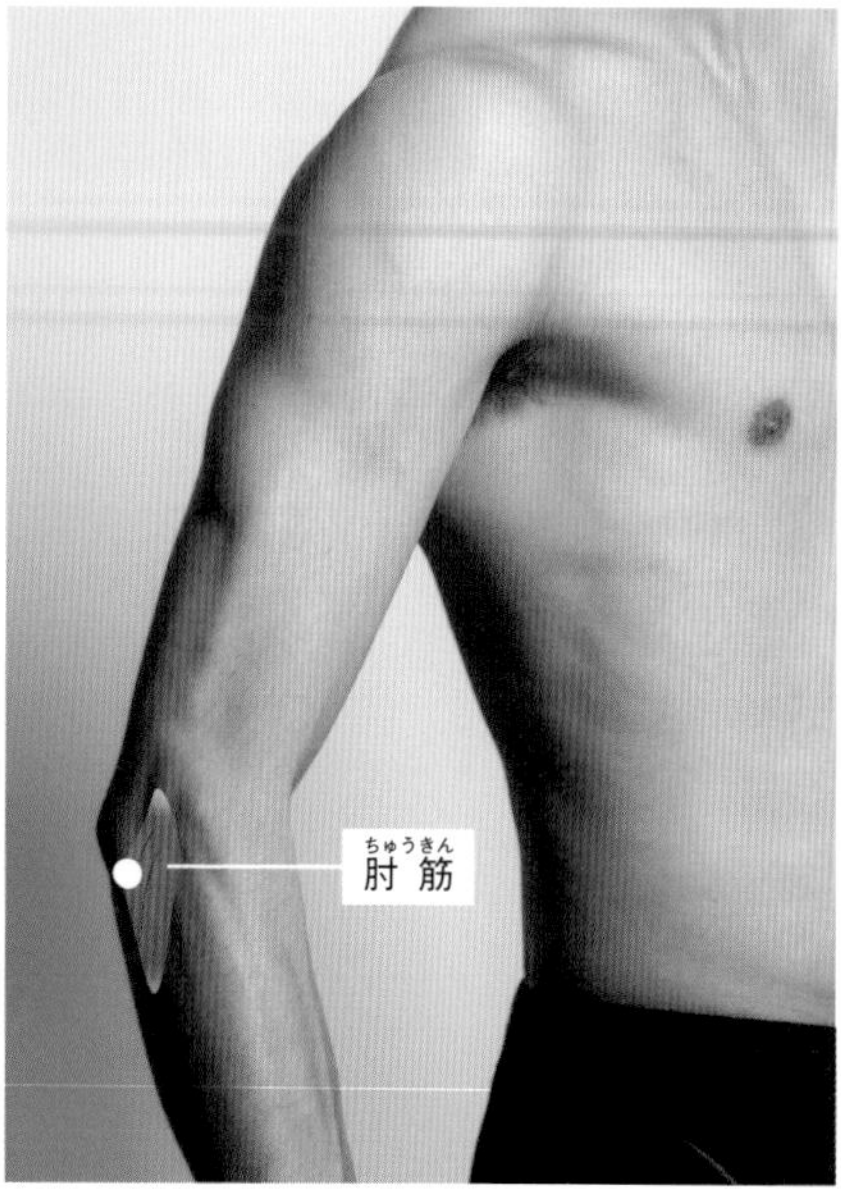

column 07

鼻づまりなどアレルギー症状には首や顔の経穴（ツボ）を指圧

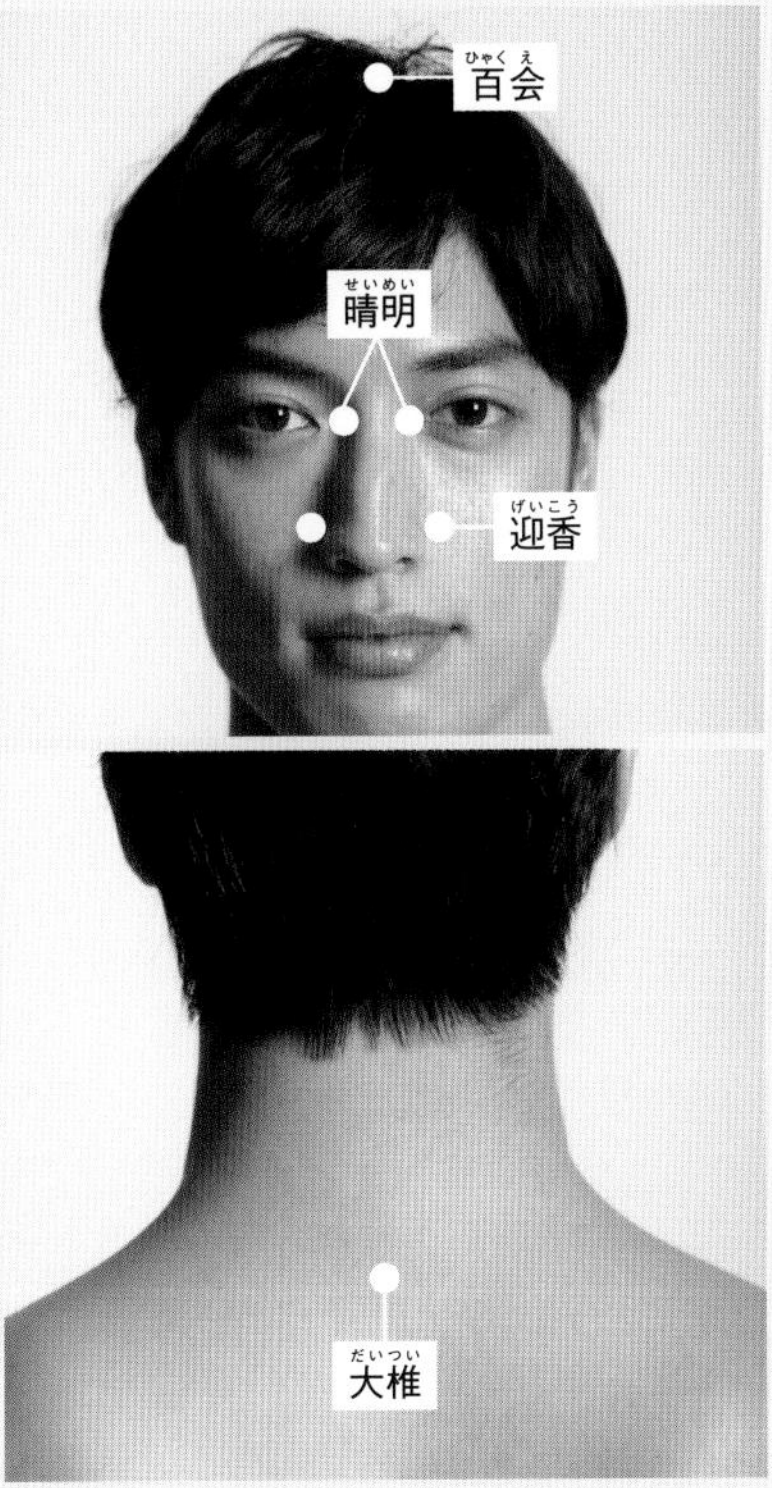

気候のよい春や秋はスポーツに最適の季節ですが、花粉症やアレルギー性鼻炎のある人にとっては辛い季節でもあります。アレルギー症状で困っているときは、経穴（ツボ）刺激を試みてみるのもいいでしょう。

まず鼻水や鼻づまりがあるときは、頭のてっぺんに位置する「百会《ひゃくえ》」、目頭と鼻の根元の間にある「晴明《せいめい》」、小鼻の両脇にある「迎香《げいこう》」といった経穴（ツボ）を少し強めに指圧してみましょう。10秒ぐらい押して離すのを繰り返していると、辛い症状がやわらいできます。またアレルギー体質の人の多くは、首を前に倒したときに首の後ろに飛び出る骨の下にある「大椎《だいつい》」に凝りや痛みがあります。ここを指先でゆっくりともみほぐすほか、突起を囲むようにしてセルフ鍼をいくつか貼っておくのも効果的です。

き、

戻す

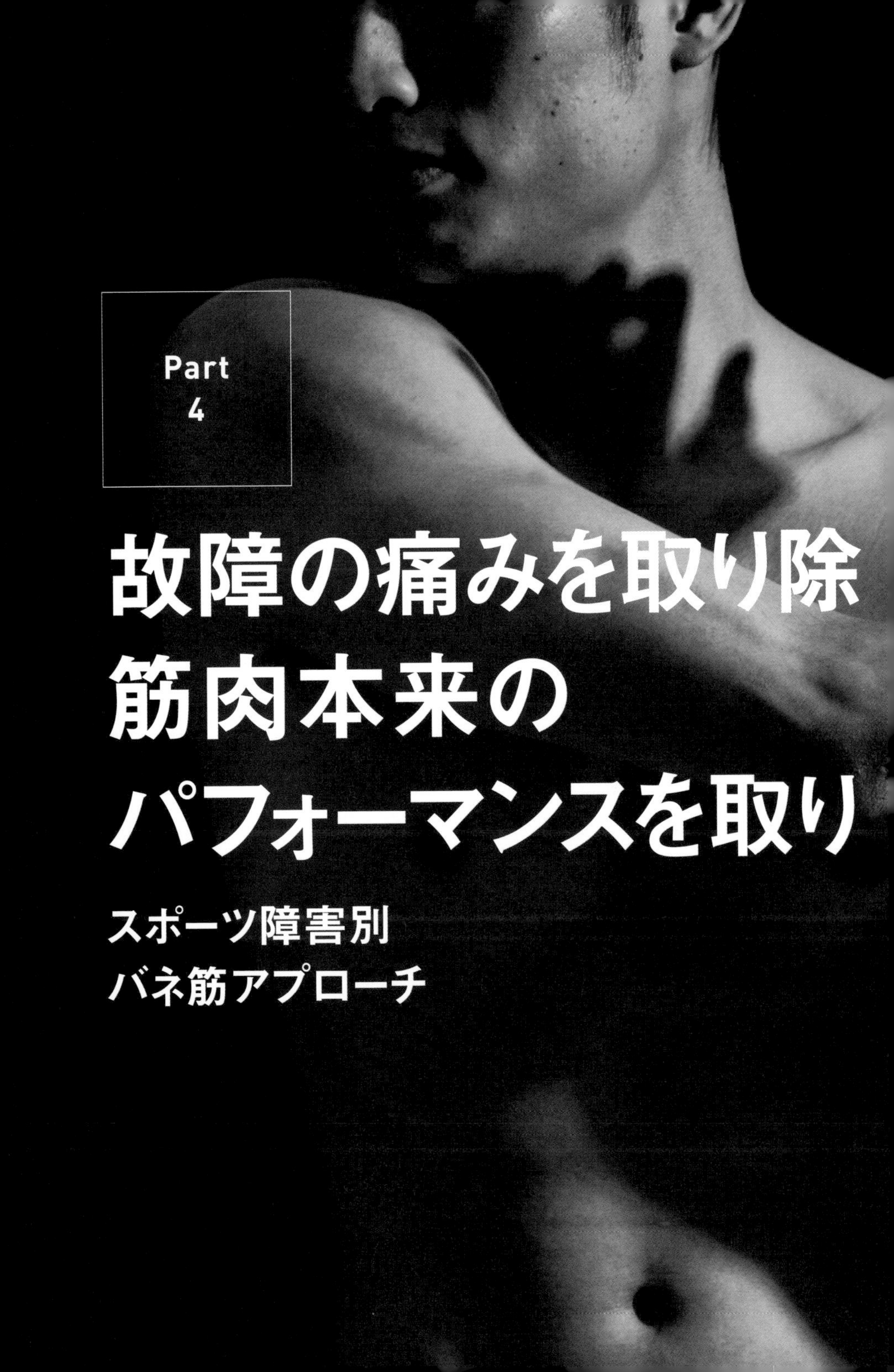

Part 4

故障の痛みを取り除
筋肉本来の
パフォーマンスを取り

スポーツ障害別
バネ筋アプローチ

スポーツ障害の治療やリハビリにも用いられるスポーツ鍼

スポーツ障害の早期回復や再発予防に

スポーツをしていると身体の特定の部位を繰り返し使うことで疲労が蓄積し、骨や筋肉、腱、靭帯などに障害が起こることがあります。こうしたスポーツによる障害や外傷を総称して「スポーツ障害」と呼びます。

スポーツ鍼は、スポーツ障害の治療にも幅広く用いられています。例えば、肉離れが起きたときには患部の上下を鍼で囲み、身体に感じられないほどの微弱電流を流し、早期回復を促します。通常の電気鍼は筋肉の疲労や萎縮の回復を助け、弱い刺激の電気鍼は損傷した組織を修復させる効果が期待されます。

骨折などの外傷でも、病院での治療やリハビリに鍼治療を併用する例も珍しくありません。

炎症や痛みが強いときには病院を受診

ただし、炎症が激しい場合や骨などの組織を損傷しているときは、鍼治療を行えないこともあります。鍼灸師の指示に従い、病院を受診してください。また本書ではスポーツ障害のセルフ鍼も紹介していますが、強い炎症（腫れ、熱感がある）、強い痛み（動かさなくてもズキズキ痛む）があるときは、セルフ鍼を避けます。セルフ鍼やストレッチを数日続けても症状が改善しないときは、医療機関を受診しましょう。

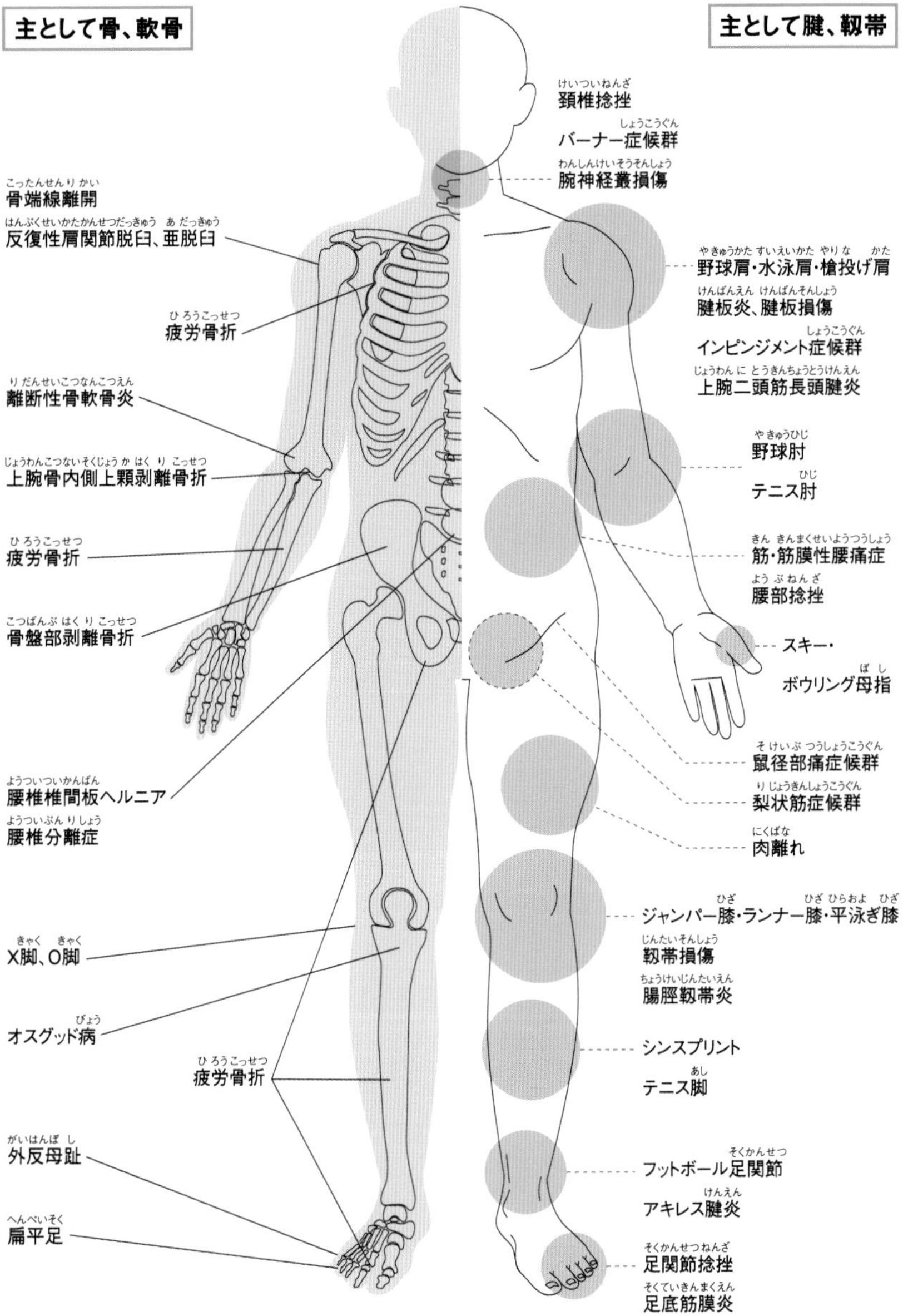

スポーツ障害を予防するには、運動前後にストレッチや鍼などで筋肉をほぐし、十分に疲労回復を図ることが重要になる。

バネ筋アプローチ
01

腸《ちょう》脛《けい》靱《じん》帯《たい》炎《えん》（ランナーズニー）

膝の外側に痛みが出るのが特徴。鍼で脚の筋肉をゆるめる

腸脛靱帯炎《ちょうけいしんたいえん》は、膝に慢性的な痛みが出るスポーツ障害の一つです。過度のランニングをする人に多いことから、ランナーズニー（ランナー膝）とも呼ばれます。ランニングなど膝の屈伸運動を繰り返すことで、太もも外側にある腸《ちょう》脛靱帯《けいじんたい》と大腿骨《だいたいこつ》の外側に摩擦が生じ、炎症を起こすことが原因と考えられています。

初期には運動後などに膝（特に膝の外側）に痛みが出ますが、症状が進行すると痛みが強くなり、運動中や運動以外の生活でも痛みが生じるようになります。スポーツ鍼では、太ももの筋肉をゆるめる治療で膝への負担を軽減します。

〈鍼灸師による施術ポイント〉

痛みの原因を探り、太ももの筋肉に鍼治療

太ももの筋肉に硬さがあって動きが悪いと、運動をしたときに腸脛靱帯《ちょうけいじんたい》の摩擦が大きくなります。鍼灸師は問題となっている筋肉を調べ、そこに施術を行います。

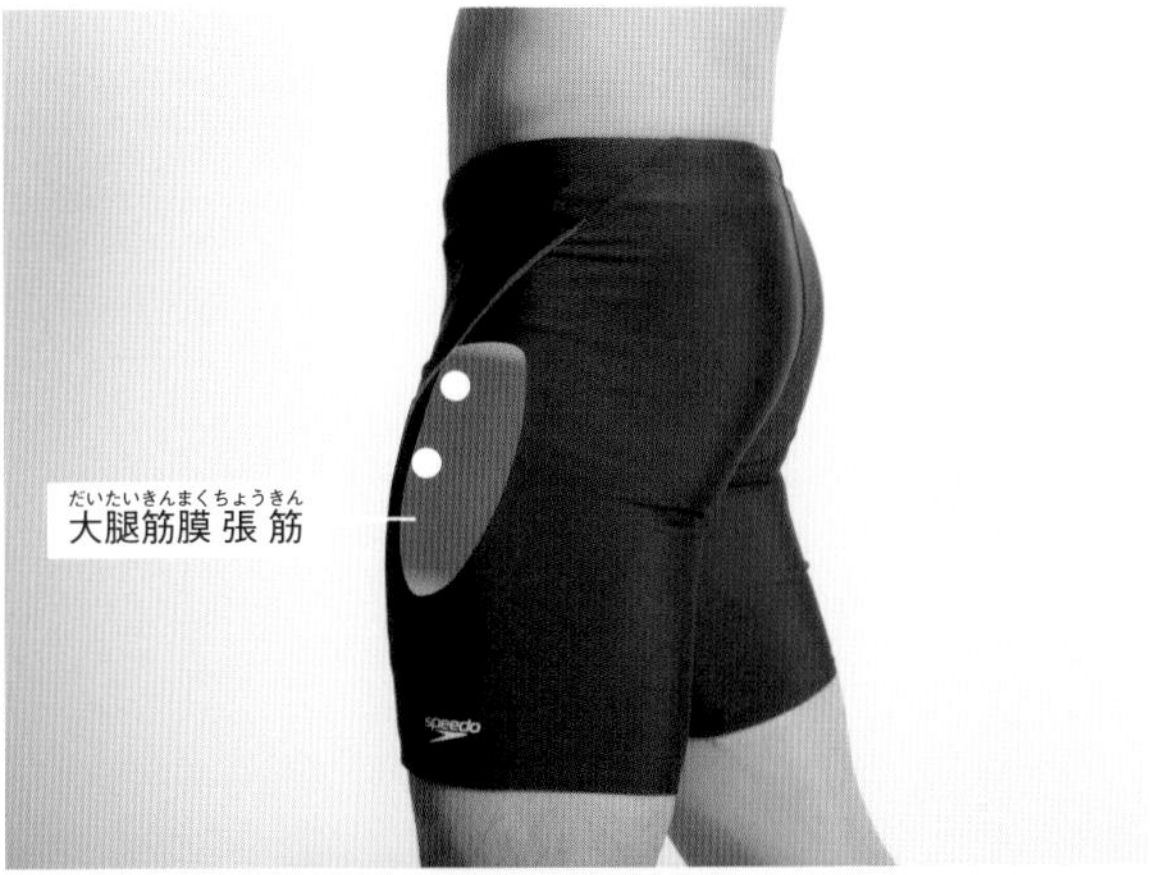

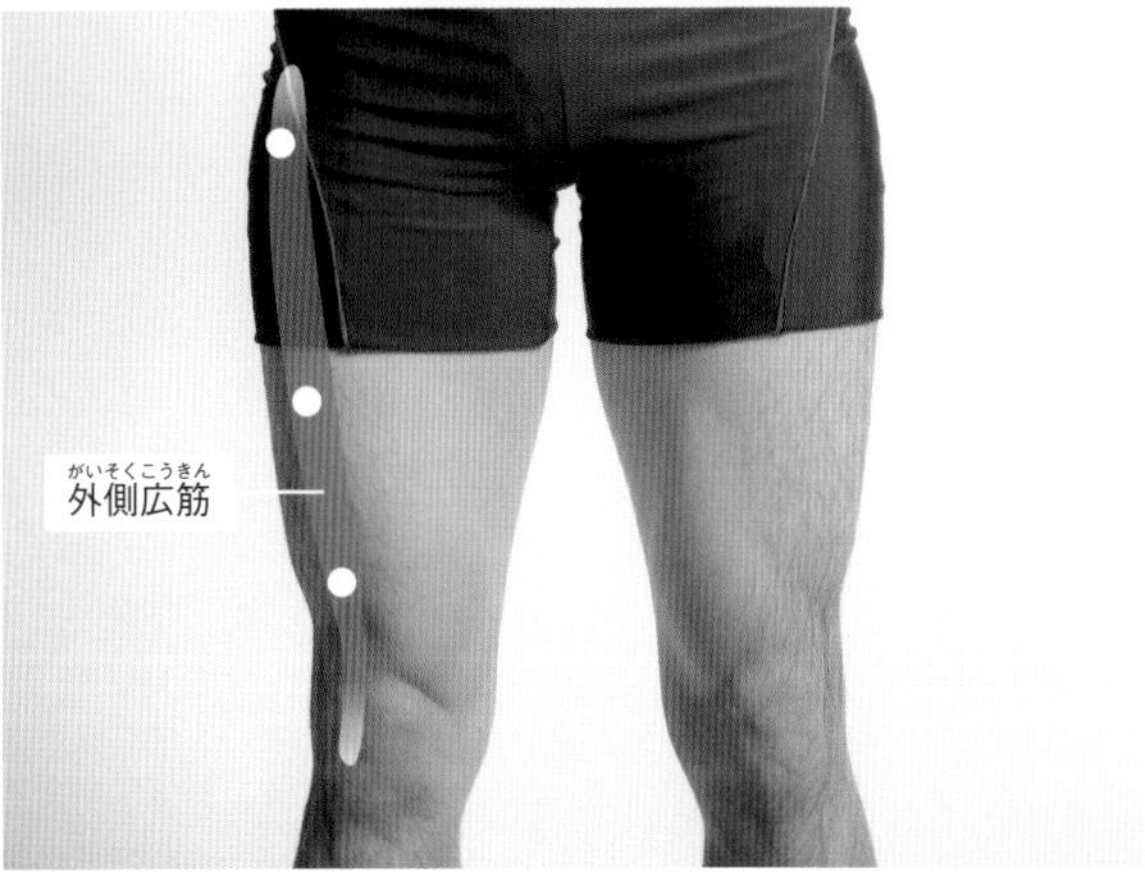

大腿筋膜張筋《だいたいきんまくちょうきん》・外側広筋《がいそくこうきん》

腸脛靱帯炎《ちょうけいじんたいえん》の痛みの症状は膝に現れますが、原因は膝の上の太ももの硬さにあることが多いです。特に脚の付け根にある大腿筋膜《だいたいきんまく》張筋《ちょうきん》や、大腿《だいたい》四《し》頭筋《とうきん》のなかで最も外側にある外側広筋《がいそくこうきん》などは、ランニングで疲れがたまりやすいところです。電気鍼を施して筋肉をゆるめると、痛みが起こりにくくなります。

ハムストリングス

ハムストリングスは太ももの裏側の筋肉で、大腿《だいたい》二《に》頭筋《とうきん》や半腱様筋《はんけんようきん》、半膜様筋《はんまくようきん》などの筋肉の総称です。ハムストリングスは、大腿《だいたい》四《し》頭筋《とうきん》と互いに張り合って膝を曲げるときに使われ、ここが硬いと膝のクッションが少なくなり、痛みの原因になることがあります。

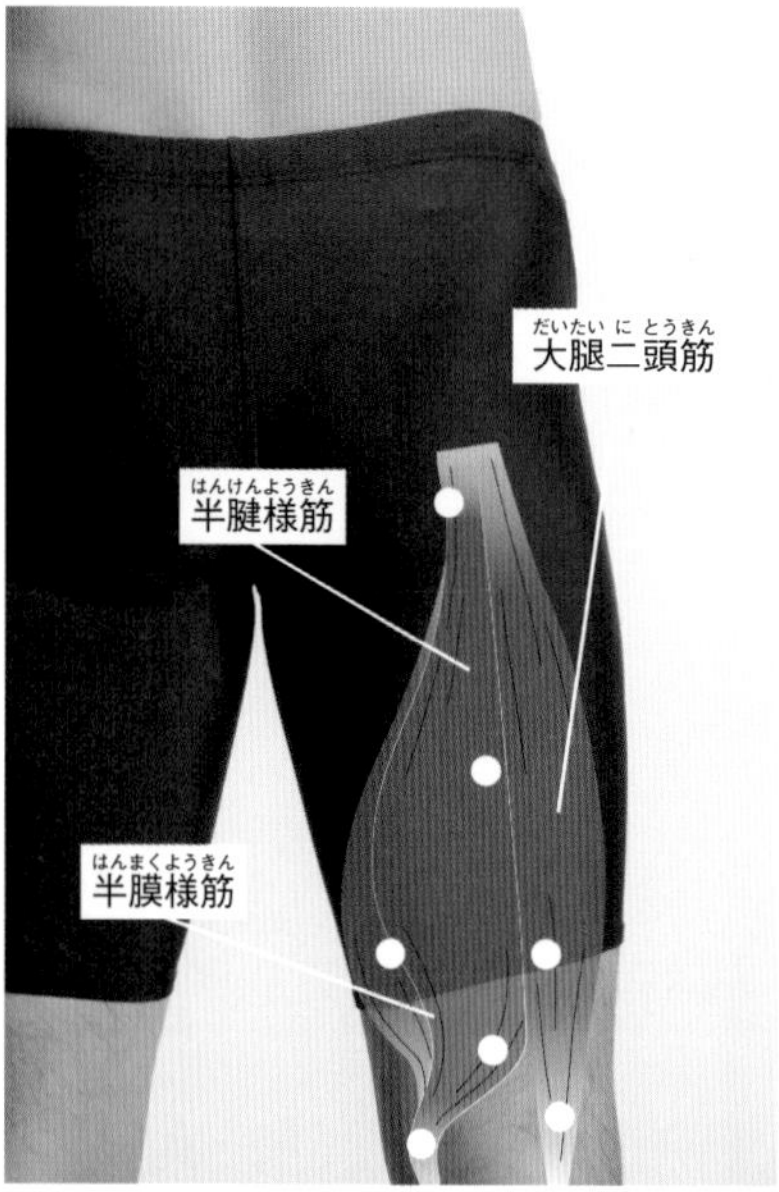

〈自分でできるセルフケア…セルフ鍼〉

膝の外側の、痛みを感じる箇所にセルフ鍼を

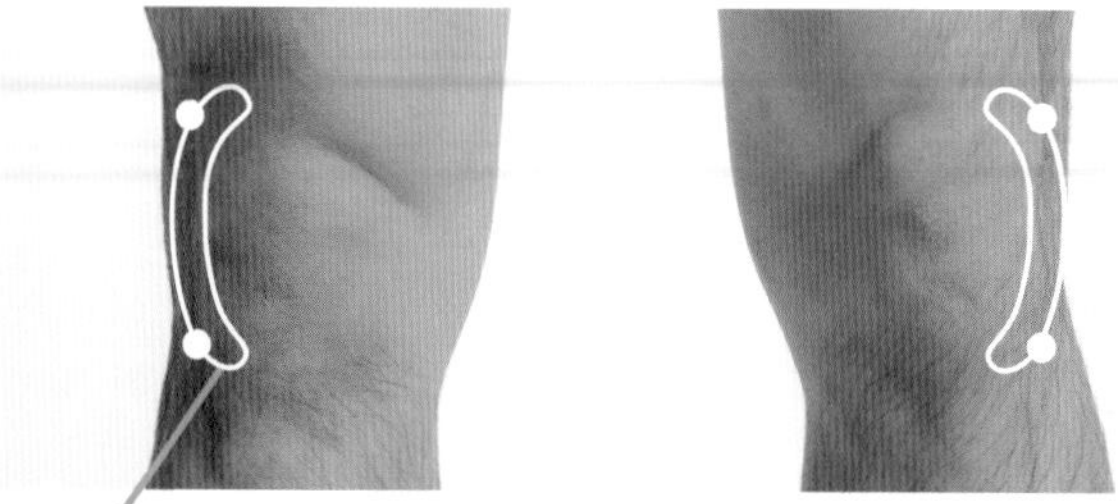

膝の外側周囲

膝を動かしたときに痛みを感じる箇所に、セルフ鍼を貼ります。膝の皿（膝蓋骨《しつがいこつ》）の外側を囲むように３～４カ所貼るのもいいでしょう。貼ったままでランニングや運動をしてもかまいません。

太ももの外側の筋肉や靭帯をストレッチ

ストレッチをしにくい
太ももの外側を伸ばす方法です。
下側になっている脚の付け根から
太ももの外側が伸びているのを
感じたら、そこでキープします。

1 脚を伸ばして座ります。右脚を伸ばしたまま、左膝を立てて右膝前にクロスします。右手は自分よりやや後方の地面について身体を支えます。

息をしながら
各10秒キープ

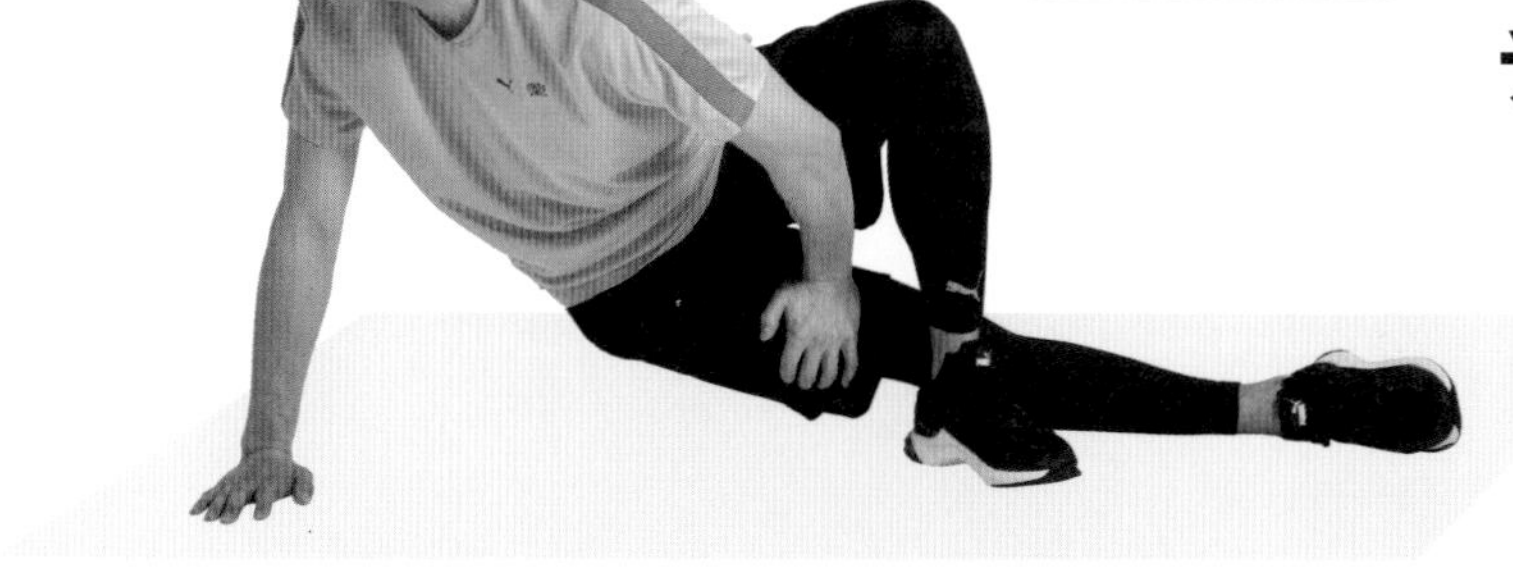

2 右手と右足で体重を支え、腰を浮かせます。上半身を右側にねじりながら、右ひざが地面から浮かないように下向きにおさえ、右太ももの外側を伸ばします。反対側も同様に行います。

バネ筋アプローチ
02

鵞足炎《がそくえん》

サッカーなどで起こりやすい膝の内側が痛む障害

鵞足炎《がそくえん》とは、膝の慢性的な炎症のことです。〝鵞足〟とは、膝のすぐ下から太ももの内側の筋肉（縫工筋《ほうこうきん》、薄筋《はっきん》、内側広筋《ないそくこうきん》）の三つの腱とすねの骨がつながる部分を指します。形状がガチョウの足のようにみえることから鵞足と呼ばれています。

ランニングやサッカーのような膝に負担のかかる動作を繰り返すことで、鵞足の腱などに炎症が起き、膝の内側から、すねにかけて痛みが発生します。症状が進むと、日常生活での階段の上り下りですら痛むようになるため、早目の治療が必要です。

〈鍼灸師による施術ポイント〉

膝の内側につながる筋肉をゆるめる

太ももの内側の筋肉が張っていると膝が内側に引っ張られ、膝の内側に炎症や痛みが起きやすくなります。そこで膝の内側へつながる筋肉を鍼や電気で刺激し、筋肉をゆるめます。

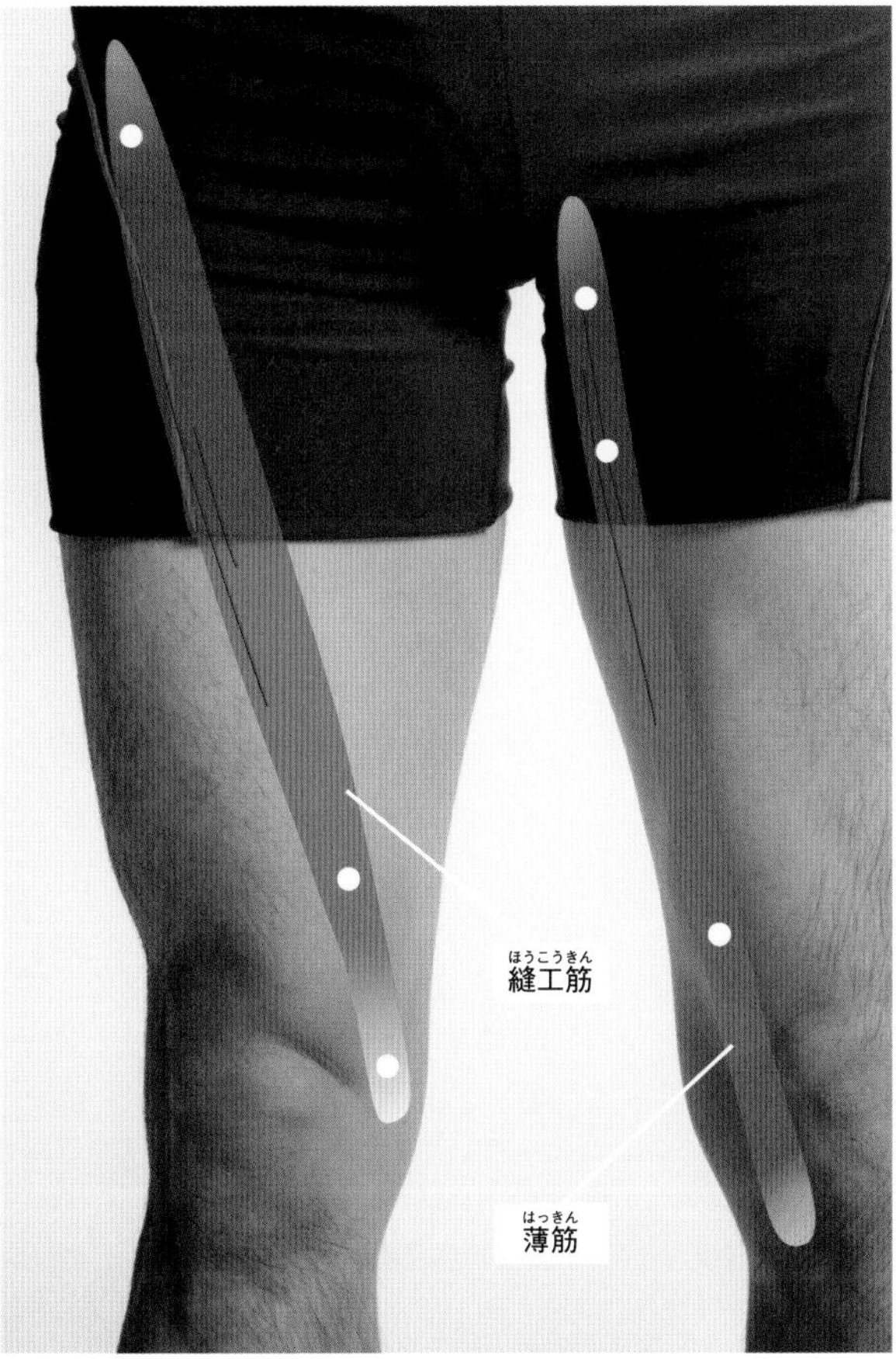

縫工筋《ほうこうきん》・薄筋《はっきん》

縫工筋《ほうこうきん》は、骨盤の外側から始まり、太もも前面を斜めに越えて膝の内側へとつながる長い筋肉です。薄筋《はっきん》は、股間から太ももの内側をまっすぐに通り、膝の内側につながります。これらの筋肉は股関節や膝を曲げる動きで重要な働きをしています。ここが疲労で硬くなっていると膝が内側に入り、炎症や痛みの原因になります。

内側広筋《ないそくこうきん》

内側広筋《ないそくこうきん》は、太もも前面の内側にある筋肉です。大《だい》腿《たい》四《し》頭筋《とうきん》とともに膝を伸ばす動きをしますが、膝の皿（膝蓋骨《しつがいこつ》）を安定させる働きもあります。ここが張っているときは施術を行います。内側広筋《ないそくこうきん》が萎縮し、弱くなると変形性膝関節症《へんけいせいしつかんせつしょう》のリスクも高まります。

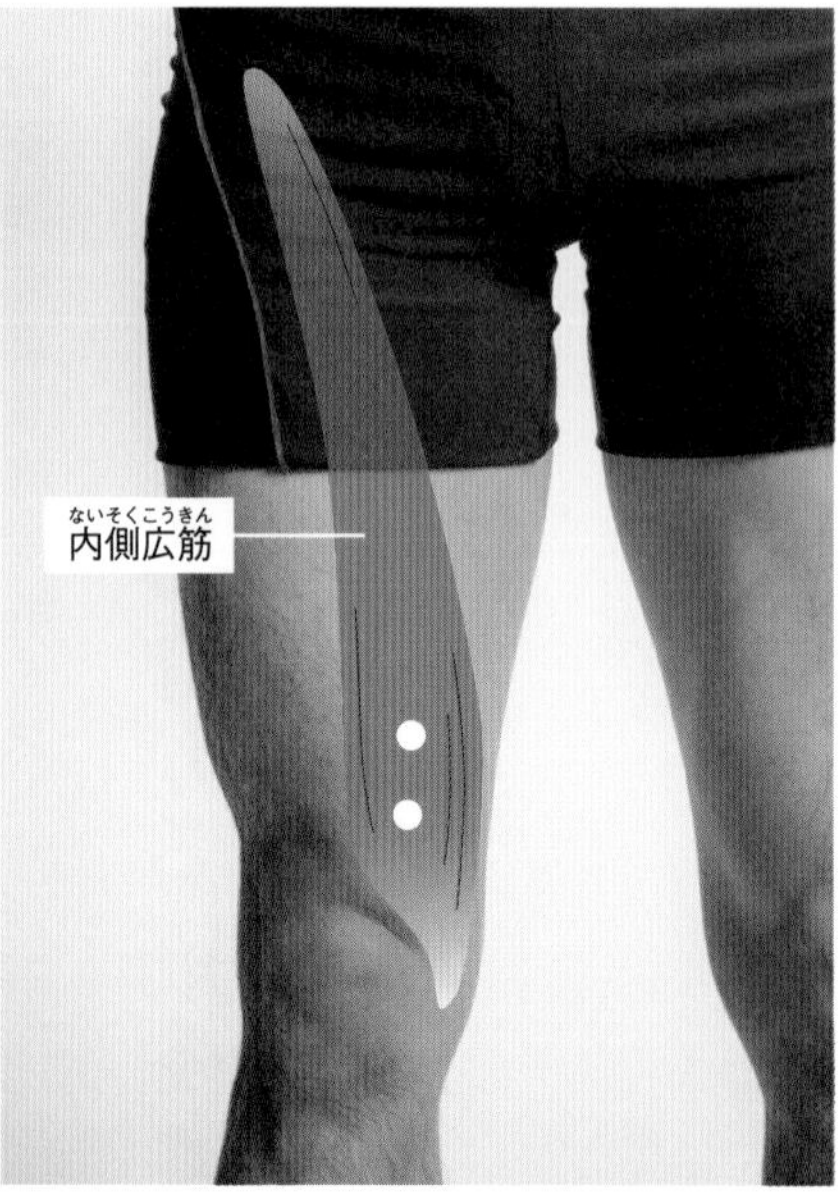

〈自分でできるセルフケア…セルフ鍼〉

膝の内側の、痛みを感じる箇所にセルフ鍼を

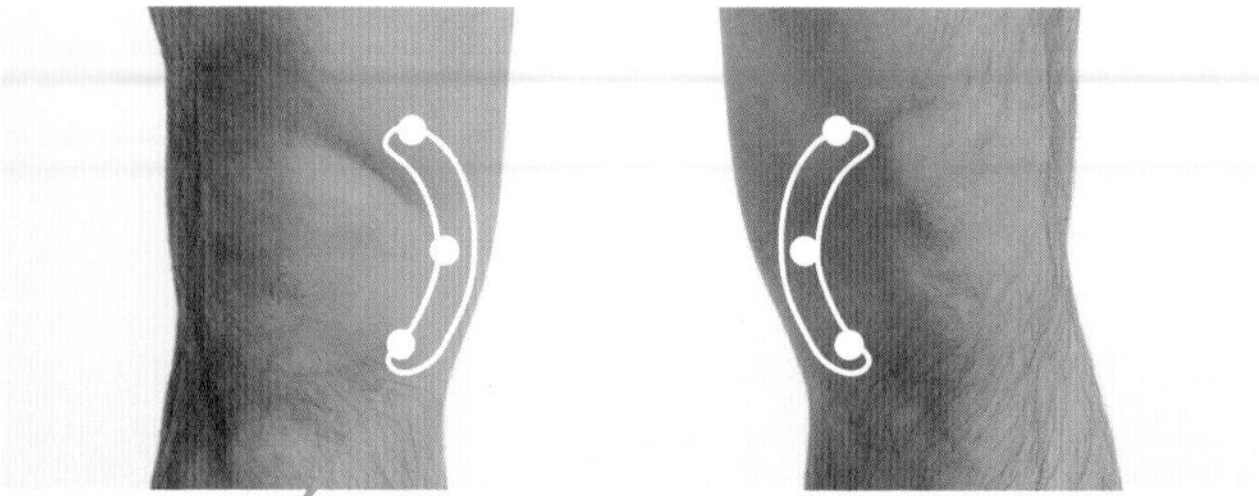

膝の内側	腸脛靭帯炎《ちょうけいじんたいえん》の場合とちょうど反対に、膝の内側に膝の皿を囲むように３～４カ所、セルフ鍼を貼ります。運動後の痛みがあるときは膝をアイシングし、痛みが引いてからセルフ鍼を行います。

〈自分でできるセルフケア…ストレッチ〉

太ももの内側・膝の内側をしっかり伸ばす

太ももの内側を伸ばし、内ももの筋肉の疲労や張りを取るストレッチです。右脚と左脚にやりやすさに差があるときは、やりにくいほう（硬いほう）をじっくり伸ばしましょう。

1 両脚を伸ばして座ります。両手は身体の後方につき、上体を支えます。

息をしながら
各10秒キープ

2 右脚を曲げて足先を外に向けます。そこから上体を左後方にひねるように倒し、右脚の太ももから膝の内側を伸ばして10秒キープし、反対側も同様に行います。

バネ筋アプローチ
03

膝蓋靭帯炎《しつがいじんたいえん》（ジャンパーズニー）

ジャンプ動作の多い競技や膝を酷使するスポーツで発生

膝の上下にある靭帯に炎症が起き、痛みが生じるのが膝蓋靭帯炎《しつがいじんたいえん》です。バスケットボールやバレーボールでのジャンプ動作の繰り返しなどで起こることが多いため、ジャンパーズニー（ジャンパー膝）とも呼ばれます。膝を酷使することで靭帯にストレスがたまり、炎症が起こるため、陸上競技やサッカー、テニスなどの種目でも多くみられます。

初期には膝を使う動作で痛みが生じますが、次第に痛みは強くなり、持続するようになります。症状が進むと、膝まわりの腱の変性や靭帯の断裂が起こることもあります。

〈鍼灸師による施術ポイント〉

大腿《だいたい》四頭筋《しとうきん》や前脛骨筋《ぜんけいこつきん》の緊張をほぐす

軽い症状であれば、膝蓋靭帯《しつがいじんたい》につながる大腿《だいたい》四頭筋《しとうきん》や前脛骨筋《ぜんけいこつきん》に施術をし、筋肉の緊張をゆるめると痛みがやわらぎます。症状に合わせて、鍼や電気鍼などで筋肉を刺激します。

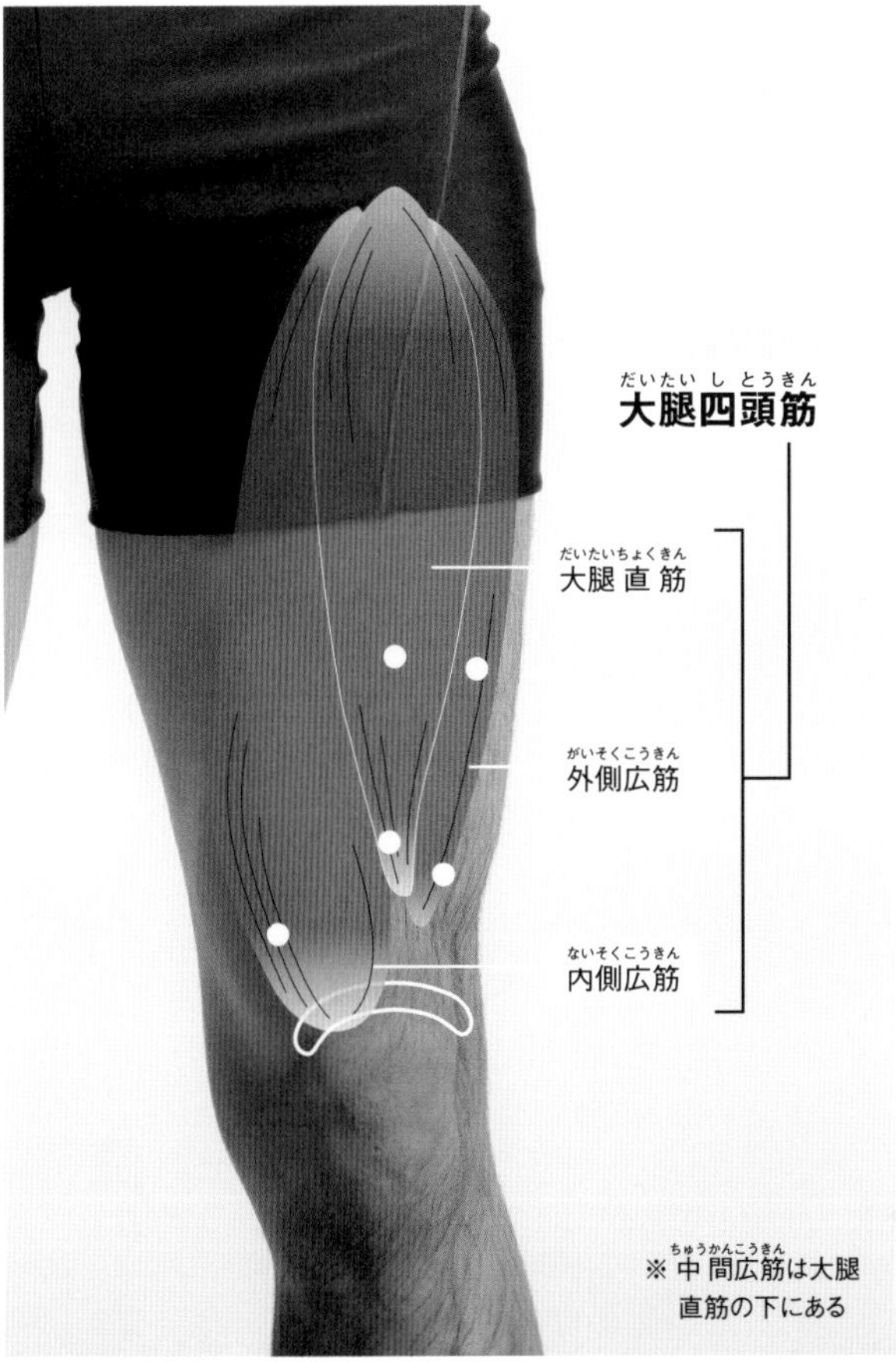

大腿《だいたい》四頭筋《しとうきん》

太ももの大腿《だいたい》四頭筋《しとうきん》が疲労して突っ張っていると、膝の柔軟性がなくなり、膝蓋靭帯《しつがいじんたい》へのストレスも大きくなります。そこで鍼治療で電気を通すなどして、大腿《だいたい》四頭《しとう》筋《きん》の緊張をほぐします。ほかに、膝の靭帯の一部に熱感や腫れがあるときは、その部分を囲むように鍼を刺し、そのまま10分ほど置くこともあります。

前脛骨筋《ぜんけいこつきん》

膝蓋靱帯《しつがいじんたい》の下側は、すねの前面にある前脛骨筋《ぜんけいこつきん》とつながっています。前脛骨筋《ぜんけいこつきん》の疲労や緊張は膝蓋靱帯《しつがいじんたい》へのストレスとなるため、ここに施術を行うこともあります。なおスポーツ活動中にも痛みがある場合は、ジャンプやランニングは控えるようにします。

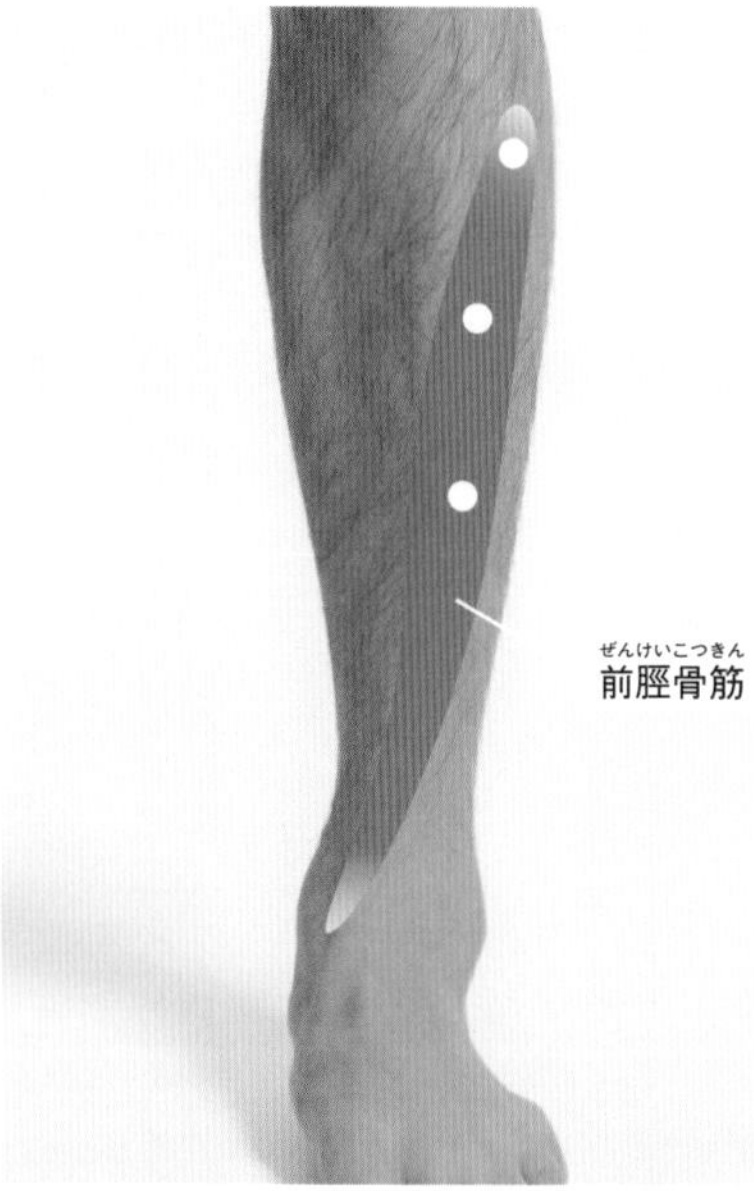

〈自分でできるセルフケア…セルフ鍼〉

膝の上下の、痛みを感じる箇所にセルフ鍼を

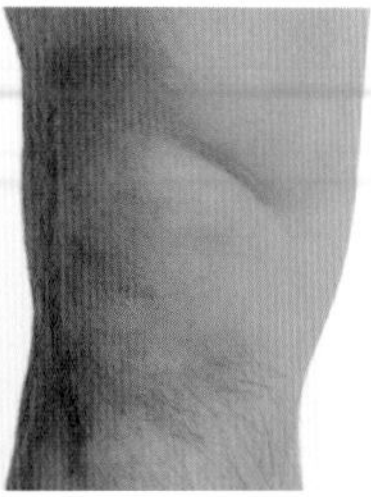

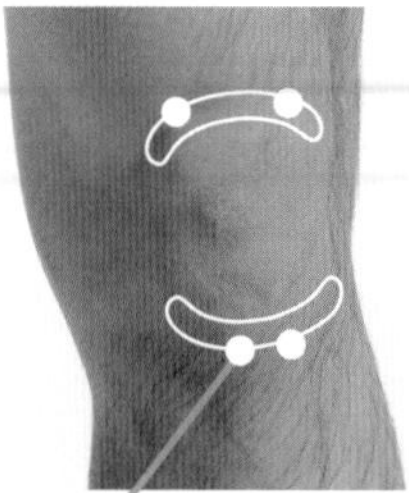

膝の周囲	膝の皿の上に二つ、下に二つ、セルフ鍼を貼ります。膝のまわりの靱帯・筋肉の緊張を取り、痛みを軽減する、再発を予防するといった作用が期待できます。

太ももの前面と膝まわりを伸ばし、柔軟に

膝を曲げた状態で背中を地面につけ、太ももの前側をしっかり伸ばします。硬くて身体を地面まで倒すことができない人は、太ももの前面が伸びるのを感じられるところでOKです。

1 両脚を伸ばして座ります。左膝を曲げ、正座をするときのようにふくらはぎに太ももをのせます。両手は脇につきます。

息をしながら 各10秒キープ

2 ゆっくり上体を後ろに倒し、背中を地面につけます。太ももの前側や膝が伸びるのを感じるポイントで10秒キープし、右脚も同じように行います。

アキレス腱《けん》炎《えん》

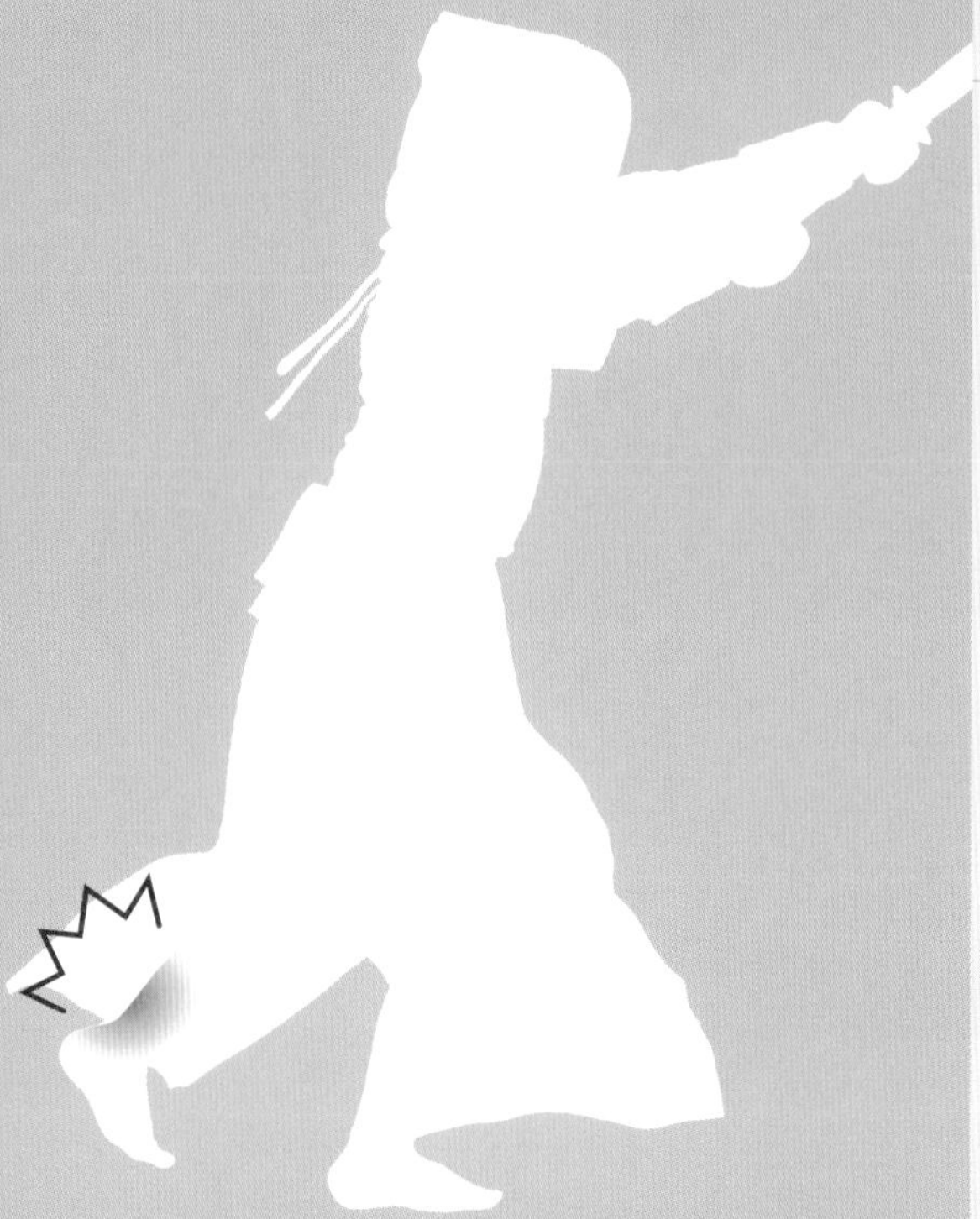

踵《かかと》周囲に痛みや腫れが発生。加齢や扁平足なども要因に

ふくらはぎの筋肉と踵《かかと》がつながる部分の大きな腱がアキレス腱です。アキレス腱に炎症が起こった状態をアキレス腱炎《けんえん》といいます。症状はアキレス腱の周辺に痛みや圧痛が生じるほか、腫れや熱感などを伴うこともあります。そのほかに、踵《かかと》が動かしにくくなる例もあります。

アキレス腱炎《けんえん》には、ダッシュやジャンプなどの激しい運動によって起こる急性型と、長時間のウォーキングや長距離走などを続けていて、使い過ぎによって起こる慢性型があります。また加齢や扁平足、足に合っていないシューズなどもアキレス腱炎《けんえん》の要因になります。

〈鍼灸師による施術ポイント〉

アキレス腱につながる筋肉をケアする

炎症が起きている患部ではなく、そこにつながる筋肉に施術を行います。特にふくらはぎの筋肉が硬いとアキレス腱が引っ張られて負荷がかかるため、柔軟であることが大切です。

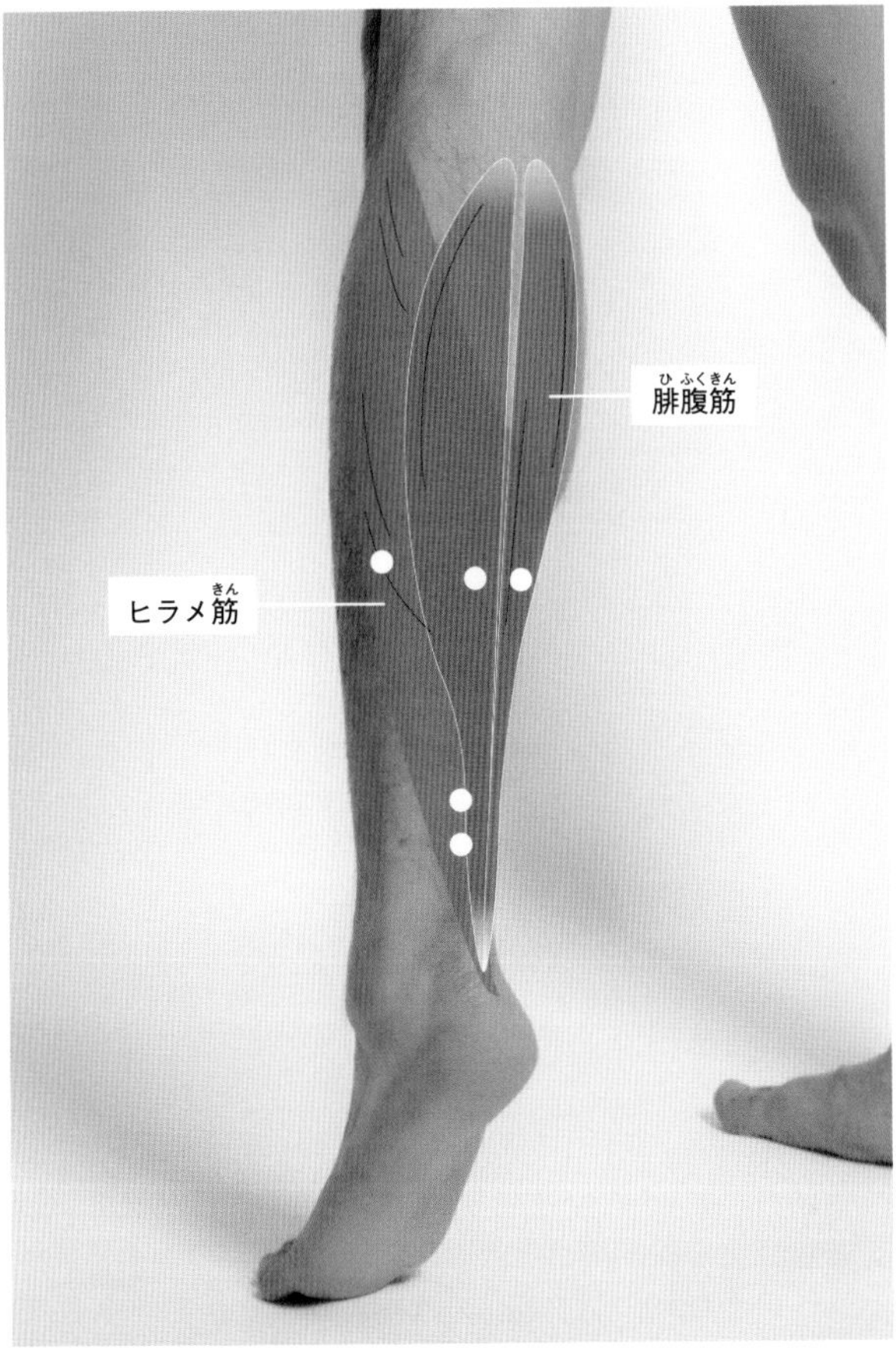

腓《ひ》腹《ふく》筋《きん》・ヒラメ筋《きん》

腓《ひ》腹《ふく》筋《きん》とヒラメ筋《きん》はふくらはぎの大きな筋肉です。この二つはどちらもアキレス腱につながっていて、踵《かかと》を上げる動きをつくっています。これらの筋肉の緊張が痛みの要因になっているときは、鍼で緊張を緩和します。運動時に痛みが出れば、立った姿勢で施術し、鍼を刺したまま身体を動かす運動鍼を行うこともあります。

足底筋膜《そくていきんまく》

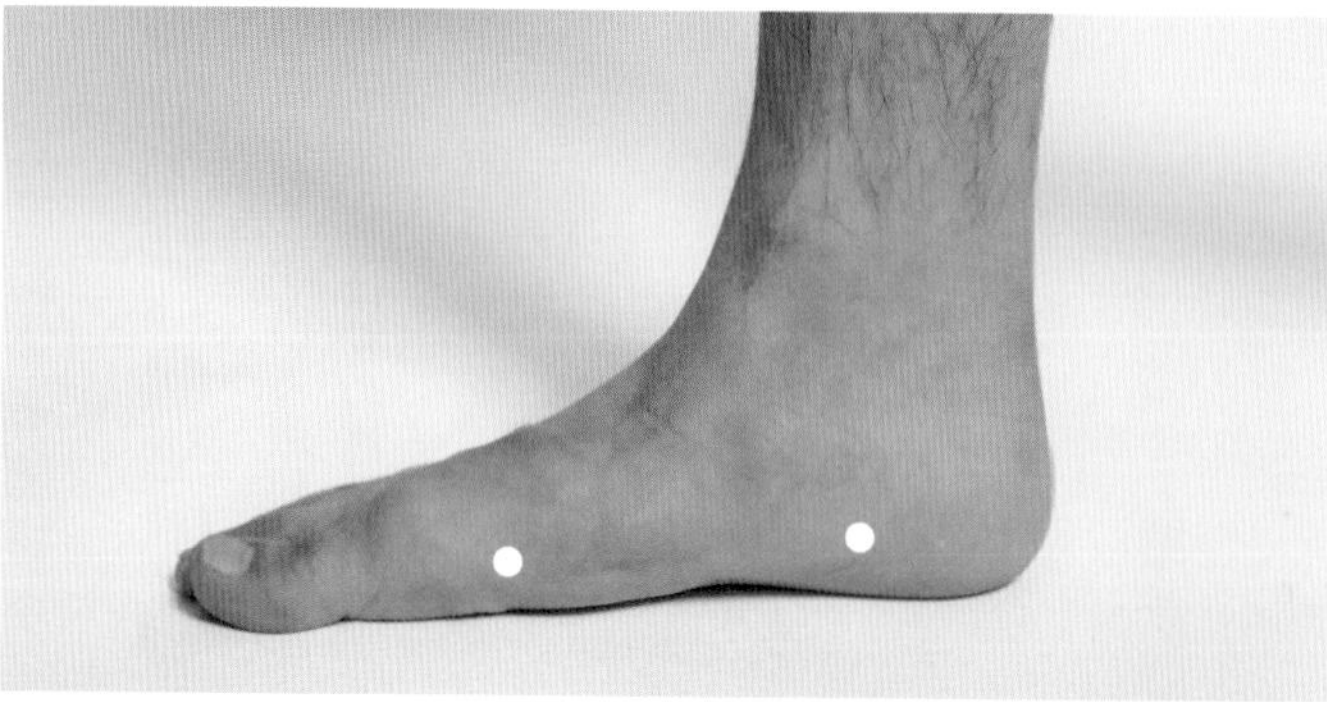

足裏の中央にあり、踵《かかと》から足指までをつないでいる筋膜が足《そく》底筋膜《ていきんまく》です。

足底筋肉が硬いと踵《かかと》が足裏方向に引っ張られ、アキレス腱の緊張が強くなります。

腓《ひ》腹筋《ふくきん》・ヒラメ筋《きん》と併せて鍼治療をすると、アキレス腱を効果的にゆるめられます。

〈自分でできるセルフケア…セルフ鍼〉

アキレス腱を囲むように セルフ鍼を

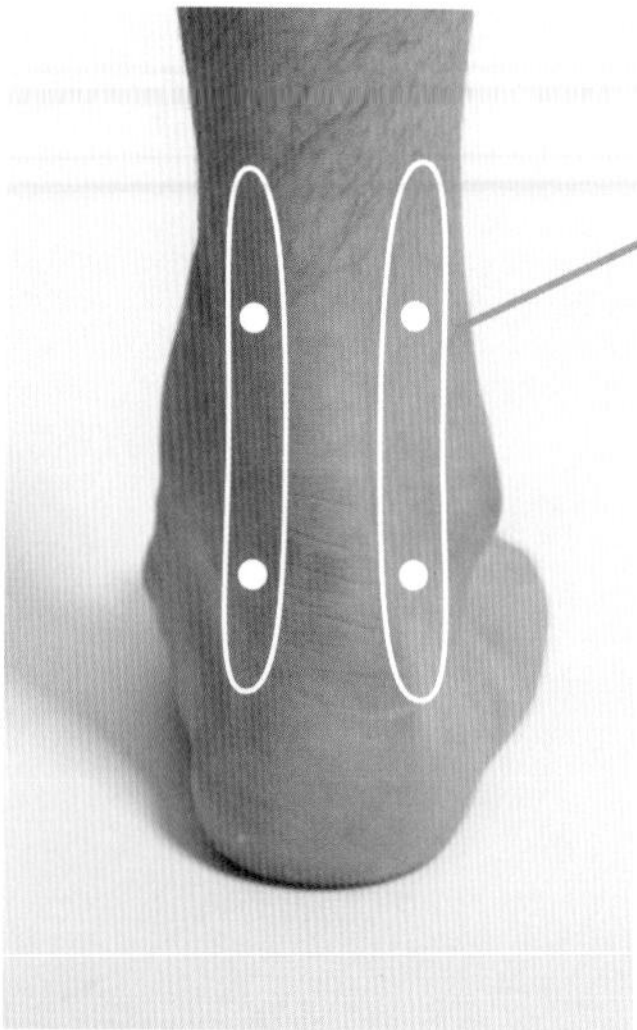

アキレス腱周囲

セルフ鍼を貼るときは、踵《かかと》に近い位置の左右と、アキレス腱の上端あたりの左右に貼ります。ほかにアキレス腱を動かして痛みが出る点や、圧痛点に貼る方法もあります。

〈自分でできるセルフケア…ストレッチ〉

ふくらはぎや踵《かかと》の筋肉・腱を伸ばす

ヒラメ筋《きん》やアキレス腱の周囲を伸ばすストレッチです。片膝を立ててしゃがみ、膝を身体で押すようにしてふくらはぎを伸ばします。膝の角度によって、伸び具合を調整できます。

1 左膝を立て、右膝を地面について腰をおろします。両手は立てた膝に添えます。

息をしながら
各10秒キープ

2 左脚に体重をのせ、右脚はバランスをとりやすいように横向きにして後ろに伸ばします。左膝を手で押して前傾させ、ふくらはぎと踵《かかと》周囲をストレッチします。反対側も同様に行います。

バネ筋アプローチ
05

梨《り》状《じょう》筋《きん》症《しょう》候《こう》群《ぐん》

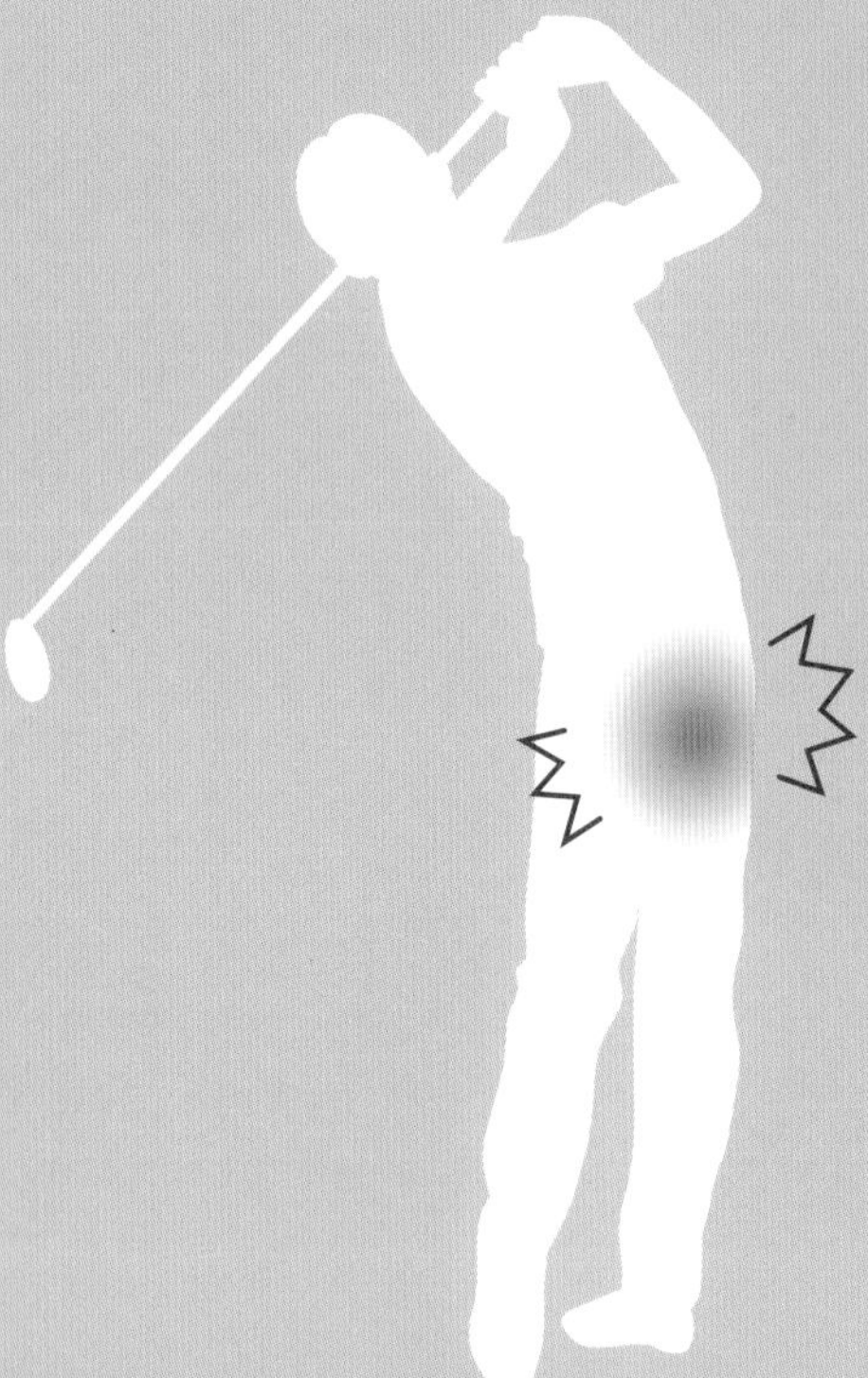

お尻から後ろ脚にかけて痛みやしびれが出る障害

お尻の中央部にある梨《り》状《じょう》筋《きん》という筋肉が硬くなり、周辺の坐骨神経を圧迫することで痛みなどが起こるのが、梨《り》状《じょう》筋《きん》症《しょう》候《こう》群《ぐん》です。ランニングやゴルフなど股関節の屈伸を繰り返す競技で起きやすい障害です。

症状はお尻から後ろ脚（多くは片側）にかけて、痛みやしびれが出るのが特徴です。座るときやしゃがむ動作など、臀部に負担がかかるときに痛みが強くなるほか、チクチクとした持続するしびれ、脱力感が生じることもあります。

スポーツ鍼では梨《り》状《じょう》筋《きん》に施術をして緊張を緩和し、坐骨神経の圧迫を改善します。

〈鍼灸師による施術ポイント〉

股関節を動かすお尻の筋肉にアプローチ

鍼治療では、お尻の骨についている股関節を動かす筋肉をほぐします。身体の奥の筋肉に疲労や硬さがあると表層の筋肉にも影響が及ぶため、大臀筋《だいでんきん》にも治療を行います。

梨状筋《りじょうきん》

梨《り》状筋《じょうきん》とは、お尻の骨の中央（仙骨）と両脚の大腿骨をつないでいる筋肉。股関節の外旋（外向きにひねる）に関わる6つの筋肉（股関節外旋六筋《がいせんろっきん》）のなかの一つです。梨《り》状筋《じょうきん》やその周辺の筋肉の緊張によって坐骨神経の圧迫が起きているときは、痛む側の梨《り》状筋《じょうきん》などに電気鍼をして通電し、緊張をゆるめます。

大臀筋《だいでんきん》

お尻や後ろ脚に痛みやしびれがあると、臀部の表層にある大臀筋《だいでんきん》も緊張が高まるため、鍼で緊張をゆるめます。ランナーのほか、デスクワークで長時間座っている人も臀部の筋肉が硬くなっている例が多いので、ケアをしておくと障害の予防になります。

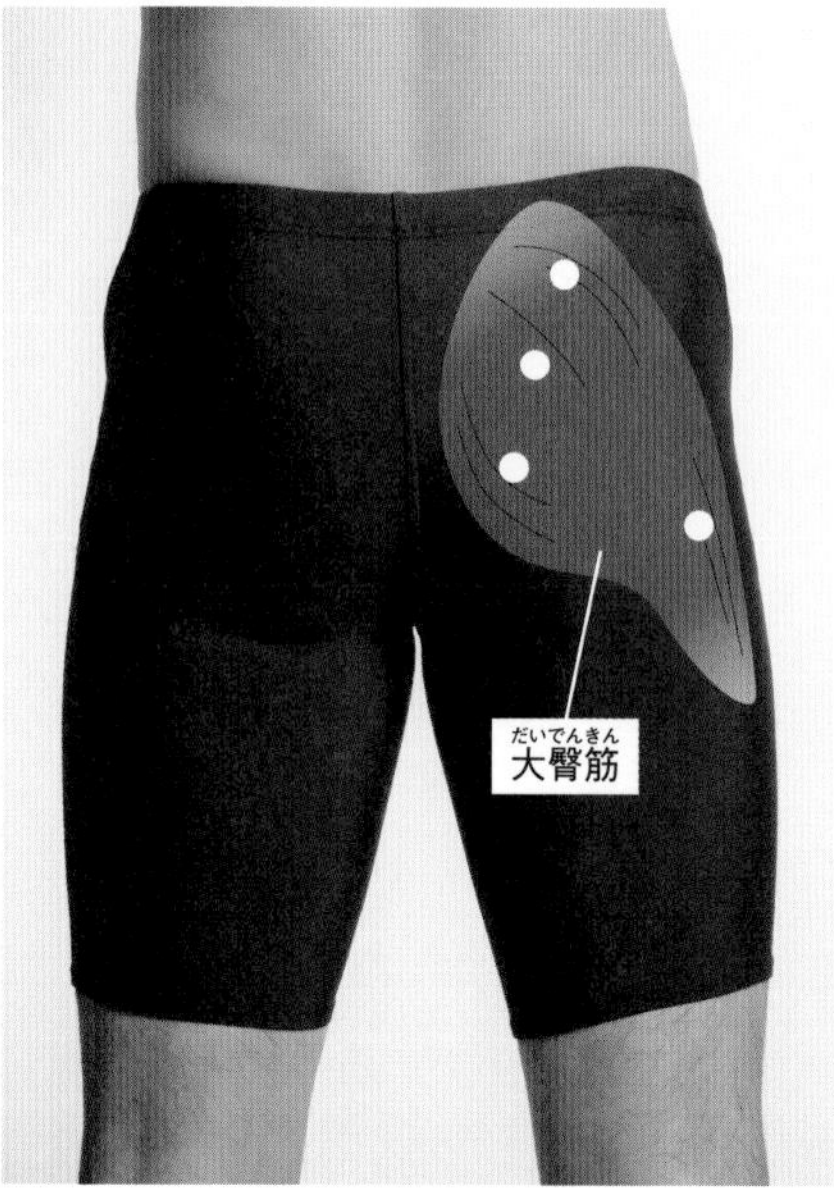

〈自分でできるセルフケア…セルフ鍼〉

お尻の骨(仙骨)のまわりにセルフ鍼を

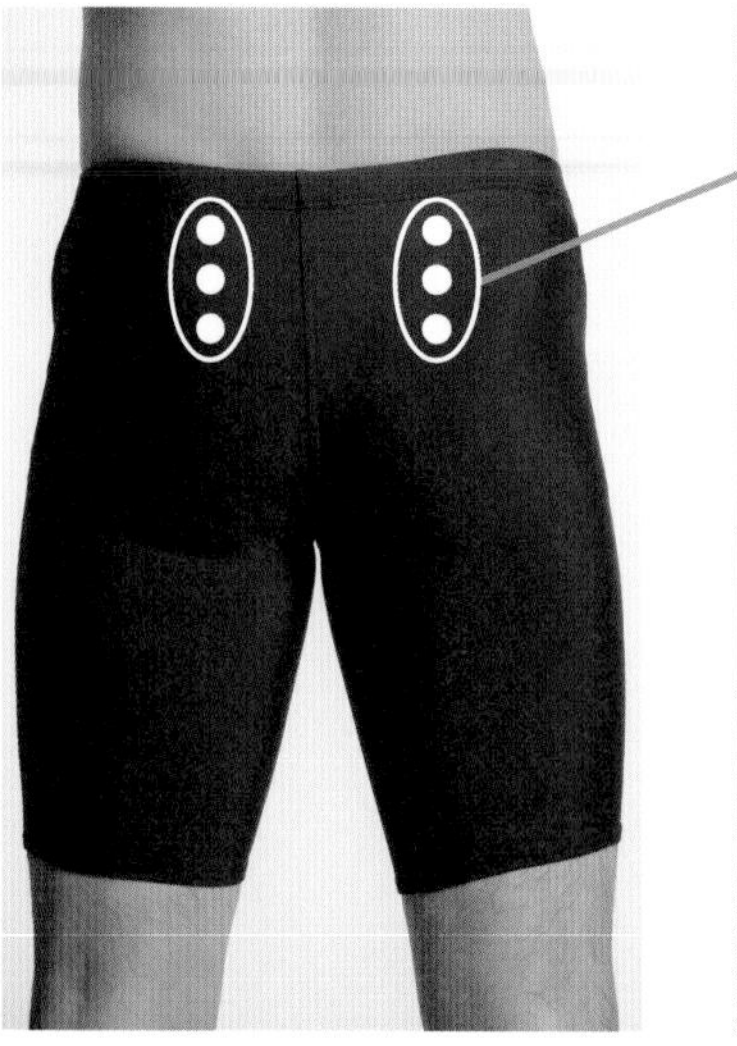

仙腸関節周辺《せんちょうかんせつしゅうへん》

お尻中央の骨のでっぱりから少し外側にいったあたり、仙腸関節《せんちょうかんせつ》付近がセルフ鍼のポイントです。仙骨の脇に添うように、数カ所貼ってもいいでしょう。

〈自分でできるセルフケア…ストレッチ〉

表層から深層までのお尻の筋肉を伸ばす

お尻の奥の梨状筋から、表層にある大臀筋《だいでんきん》までを柔らかくします。右側と左側とで差があるときは、硬いほうから始めます。できる人は肘の位置を前にするほど、ストレッチ効果が大きくなります。

1 脚を伸ばして座ります。右膝を曲げ、右脚の外側を地面につけます（膝の角度は90度くらい）。左脚は身体の後ろにまっすぐ伸ばします。

息をしながら
各10秒キープ

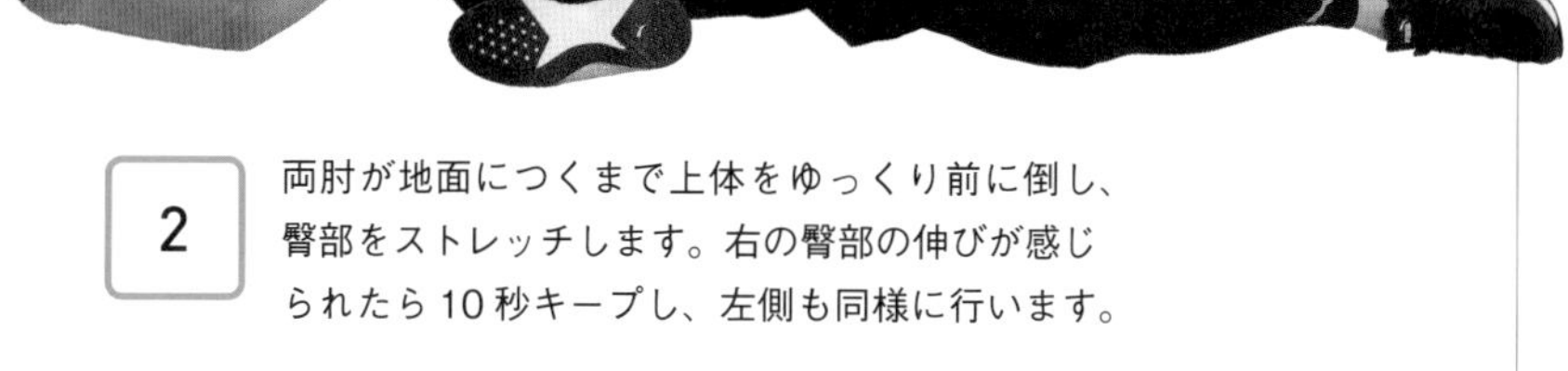

2 両肘が地面につくまで上体をゆっくり前に倒し、臀部をストレッチします。右の臀部の伸びが感じられたら10秒キープし、左側も同様に行います。

筋《きん》・筋膜性腰痛症《きんまくせいようつうしょう》

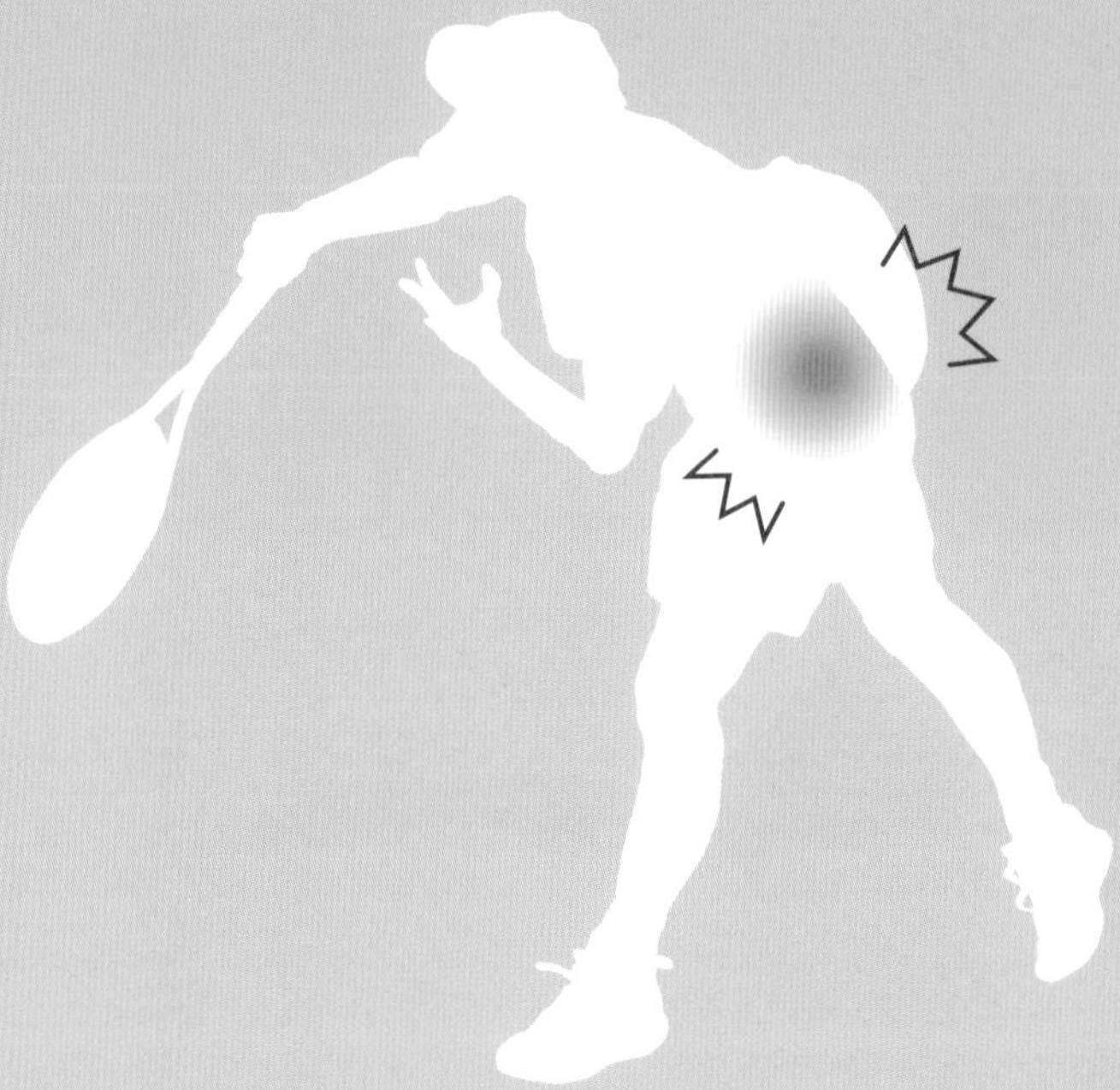

腰に負担がかかる動作や慢性疲労、悪い姿勢でも発生

腰痛は、スポーツ障害のなかで最も頻度が高いトラブルです。腰に痛みが出る疾患にはさまざまなものがありますが、なかでも腰や腰周辺の筋肉、筋膜が損傷することで痛みが生じるものを筋《きん》・筋膜性腰痛症《きんまくせいようつうしょう》といいます。

原因は、体幹部を曲げる・伸ばす・ひねるなどの急な動きのほか、慢性の筋疲労、姿勢の悪さなどが関係します。前傾姿勢の保持やジャンプの着地なども腰への負担が大きい動作です。

症状は主に腰の痛みやだるさですが、痛みがあると筋肉が収縮し、血流が悪くなってさらに痛みが強くなるという悪循環になります。

〈鍼灸師による施術ポイント〉

背中やお尻の筋肉に電気鍼を施し、緊張を取る

背中の筋肉が硬くなっていると、背骨が背中側に引っ張られてバランスが悪くなり、腰への負担が増大します。背中の筋肉をゆるめ、背骨を本来の正しいポジションに戻します。

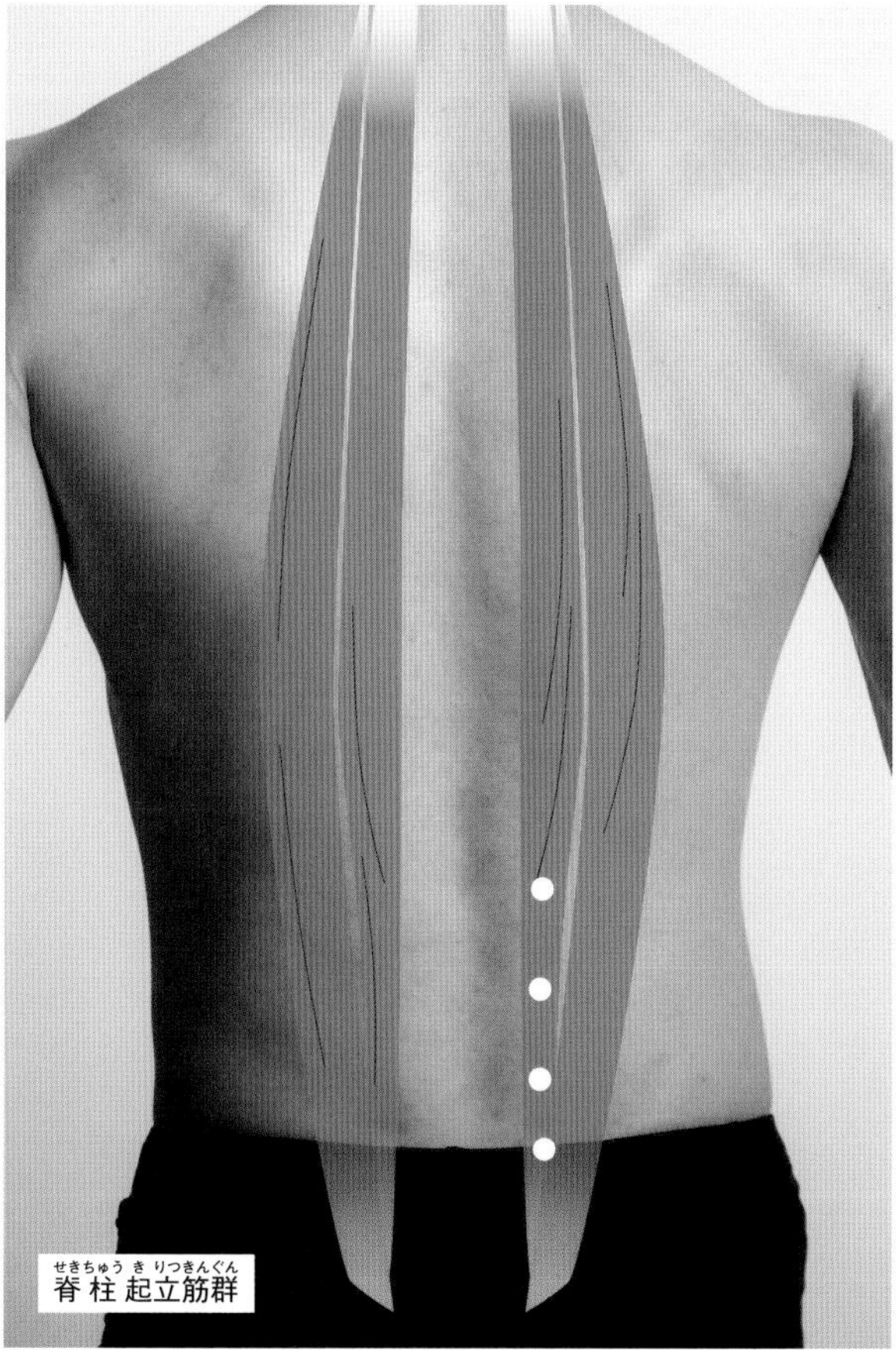

脊柱《せきちゅう》起《き》立筋群《りつきんぐん》

脊柱《せきちゅう》起《き》立筋群《りつきんぐん》は、棘筋《きょくきん》、最長《さいちょう》筋《きん》、腸肋筋《ちょうろくきん》、多裂筋《たれつきん》など、背骨の両脇にある筋肉の総称です。これらの筋肉が背骨を支えて姿勢を保持しています。腰痛がある人は、この脊柱《せきちゅう》起《き》立筋群《りつきんぐん》に緊張があることが多いため、電気鍼で緊張をゆるめます。通電でズキズキとした痛みが生じるときは鍼の位置を変えるか、置き鍼に変更します。

大臀筋《だいでんきん》

腰だけでなく臀部にかけても痛みを感じる場合は、臀部への治療も有効です。鍼や電気鍼によって大臀筋《だいでんきん》の緊張をほぐします。慢性的な腰痛があるときは、鍼治療とともにストレッチや体幹トレーニングを行うと、鎮痛効果が続きやすくなります。

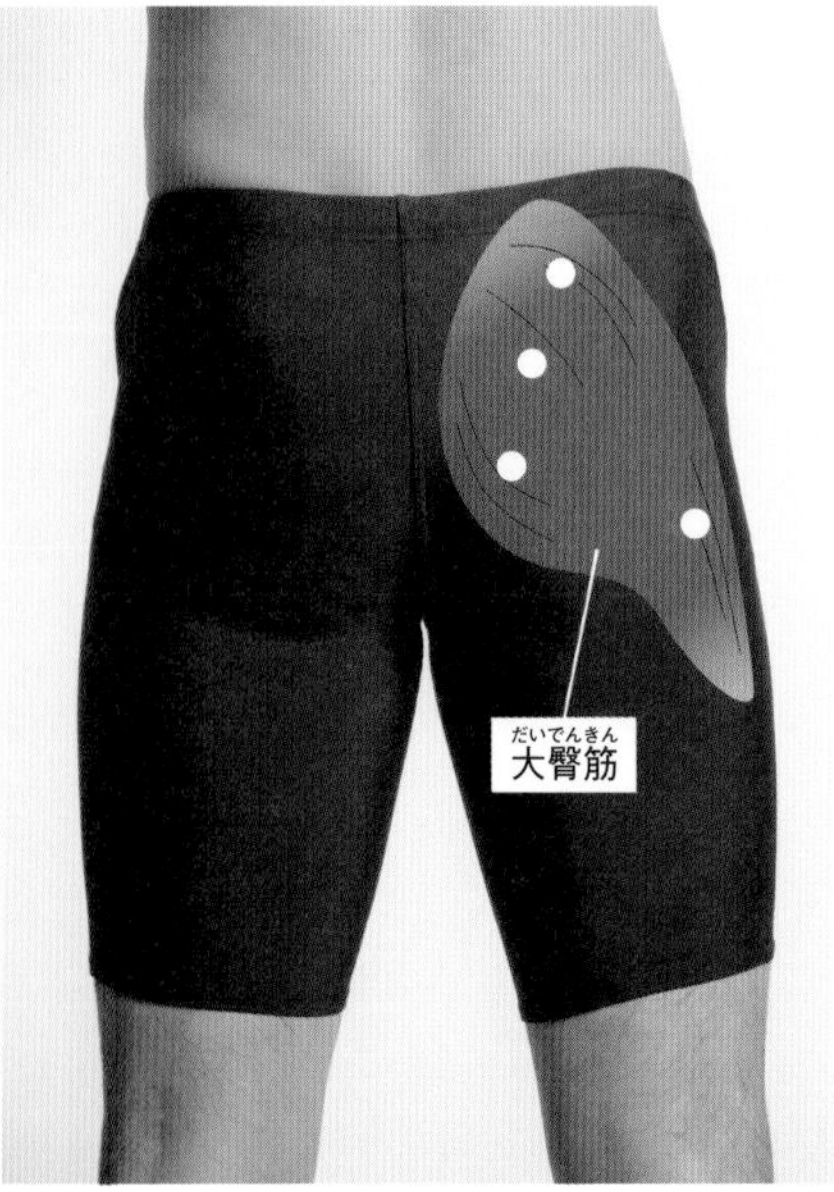

〈自分でできるセルフケア…セルフ鍼〉

背骨沿いに痛みを感じる箇所にセルフ鍼を

背骨沿い・仙骨の上

背骨の脇や仙骨の上などを指圧して痛みや気持ちよさを感じるところにセルフ鍼を貼ります。腰痛予防が目的のときは、腰の背骨の両脇に等間隔に4～6カ所くらい貼るのもおすすめです。

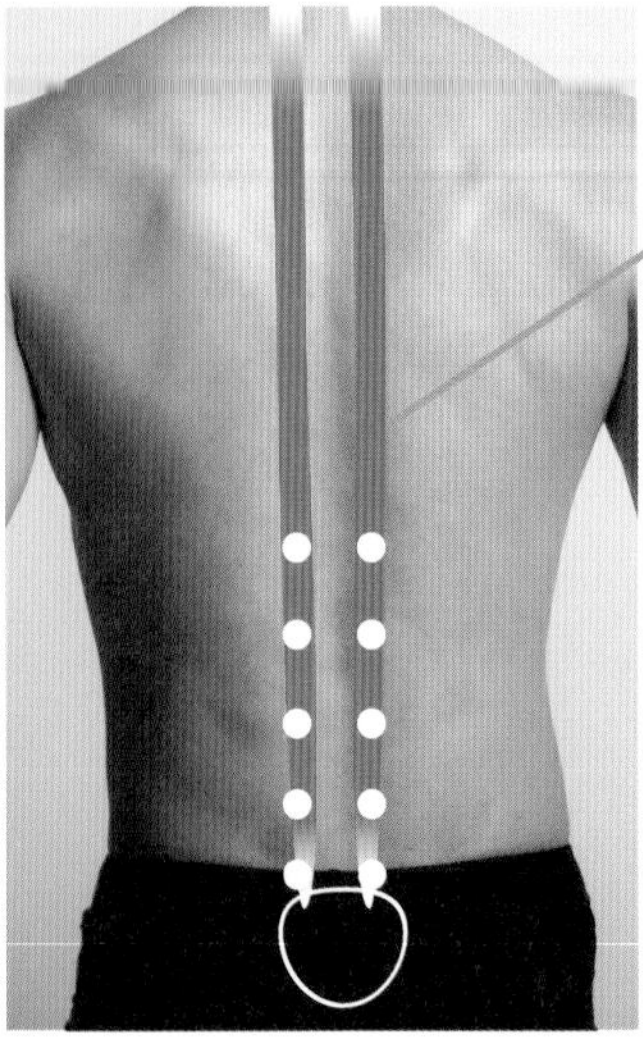

背中を丸める⇕反らすで、背中の柔軟性をアップ

脊《せき》柱《ちゅう》起《き》立《りつ》筋《きん》を柔らかくするストレッチです。息を吐きながら背中を丸め、息を吸いながら反らす動きをゆっくり繰り返します。背骨の両脇の筋肉がほぐれるのを意識しながら行います。

1 足を肩幅に開いて椅子に座ります。両手を頭の後ろに組み、へそを覗き込むようにして息を吐きながら背中を丸め、背中の筋肉をゆるめます。

丸める・反らすを
1回として、5回

2 次に息を吸いながら背中をゆっくり反らし、背中の筋肉が収縮するのを感じます。背骨が前後にしなるイメージで、1・2の動きを5回行います。

スポーツ鍼の実績などを確認し、〝かかりつけ〟スポーツ鍼灸院を選ぶ

スポーツ鍼を得意とする鍼灸院を選ぶ

「鍼灸師によるスポーツ鍼の施術を受けたい」というとき、各地域にある鍼灸院を受診することになります。しかし鍼灸院やそこに在籍する鍼灸師にはそれぞれ得意とする分野があり、すべての鍼灸院でスポーツ鍼を受けられるとは限りません。

スポーツ鍼を希望するときは、鍼灸院のホームページを確認する、電話で問い合わせをするなどをして、自分の取り組んでいるスポーツ・競技で鍼治療の実績のある鍼灸院・鍼灸師を選択されると良いでしょう。

立地や清潔さ、施術内容などもチェック

鍼灸は、時間をかけて身体の状態を改善していく治療法です。定期的に施術を受けるのであれば通いやすい場所にある、施設が清潔で気持ちがいい、なども大切です。そして問診が丁寧でその人の競技レベルや練習内容、生活スタイル等に応じ、治療目的を共有しながら施術をしてくれるか否かも重要です。いつまでもスポーツを楽しめる身体でいるために、自分に合った〝かかりつけ〟のスポーツ鍼灸院を見つけておくことをおすすめします。

各地域の鍼灸院を調べたいときは、次ページの情報も参考にしてください。

■ はりのマイカルテ

自分専用のカルテアプリです。

チャットで事前相談も可能!
鍼灸院探しと予約をアプリでも

はりのマイカルテ

予診票を事前送信

来院前にアプリから予診票を手軽に送信。診てほしいポイントをしっかり書けるから、スムーズに治療を受けることができます。

治療内容が共有される

受けた治療がどんな内容だったか、カルテ共有という新しい形でアプリに届きます。治療前後の比較も載るので、自分の状態がひと目で分かります。

チャットで相談

その日の空き状況や、ちょっとしたアドバイスなどを、気軽に鍼灸院と相談できます。

＊鍼灸は医業類似行為にあたるため、医療に関する相談については行えません。

セルフケア情報

自宅でひとりでもできるセルフケア情報をお届け。症状や体質に合ったケア方法を学べます。

はりのマイカルテは Web 検索で簡単に見つかります。

はりのマイカルテ

■ SEIRIN 鍼灸検索サイト （2021年春にリリースの鍼灸院検索サイト）

あなたに「ぴったり」鍼灸院検索・予約サイト

健康にはり
with はりのマイカルテ

自分にぴったりの鍼灸院を探せるサイトです。目的（スポーツをやっているので、筋肉疲労の回復を図りたい、など）や症状、地域からも自分の条件に合った鍼灸院が検索できます。

スポーツ鍼灸についてのQ&A

Q1

そもそも、身体に鍼を刺して痛くないのですか?

A 痛みには個人差があります

スポーツ鍼に限りませんが、日本の鍼灸治療で使用する鍼は非常に細く、鍼の先端も皮膚に刺すときに抵抗の少ない形状に設計されています。そのため「鍼を刺す」ことの痛みを感じる人もいますが、激しい痛みというものではありません。稀に一瞬チクッとした感覚を覚えることはあるかもしれません。

Q2

小学生や中学生でも鍼灸治療を受けられますか?

A 受けられます

子どもでもスポーツ鍼の治療を受けられます。子どもは、骨や筋肉などが成長途上にあるため、関節などが不安定でスポーツ障害が起きやすいものです。学校の部活動やクラブチームで激しい練習を続けている場合、疲労回復や故障の早期発見のためにも、スポーツ鍼を活用するのはよいことです。

Q3

病院で治療を受けている人でも、鍼灸治療はできますか?

A

受けられますが、事前に医師に確認を

高血圧や糖尿病などで治療・投薬を受けている人も、整形外科で関節痛などの治療をしている人も、基本的には鍼治療を行うことができます。ただし、鍼治療を受ける前に病院の医師に確認しておくと安心です。また鍼灸師にも、飲んでいる薬や治療について情報を伝えましょう。血液がサラサラになる薬を飲んでいる人は、鍼治療に注意が必要な場合があります。

Q4

鍼による感染症などのリスクはありますか?

A

使用するのは「使い捨て」の鍼のため、心配は不要

昔は、鍼治療に使用した鍼を滅菌して再使用していました。そのため衛生管理が不十分な場合、鍼の使い回しによる感染リスクがありました。しかし現在は、使用するほとんどの鍼はディスポーザブル=「使い捨て」になっていますので、感染のリスクはないと考えていいでしょう。どんな鍼を使用しているか気になる場合は、鍼灸院のHPまたは鍼灸院に直接確認してみましょう。

スポーツ鍼灸についてのQ&A

Q5

鍼治療には副作用はありますか?

A

鍼治療での副作用のほとんどは軽微で一過性です

鍼治療が初めての方は特に、治療後に一時的に眠気や全身のだるさ、あるいは気分不良などが起こることがあります。鍼灸治療を受ける当日の体調や生活習慣をご自身でも考慮した上で、医師や鍼灸師とよく相談してください。

参考文献
山下仁.速修/現代臨床鍼灸学エッセンス 初版 錦房. 2020：49-54

Q6

スポーツ障害への鍼治療に、健康保険は使えますか?

A

症状によって使える場合があります

健康保険の取り扱いをしている治療院で、健康保険の対象となっている症状を治療するときには健康保険が使えます。対象となるのは、神経痛（坐骨神経痛など）、腰痛症（ぎっくり腰、慢性の腰痛など）、頚腕症候群（首や肩、腕がしびれて痛むもの）、頚椎捻挫後遺症（むちうち症など）、五十肩（肩関節が痛く腕が上がらないもの）、リウマチ、その他慢性の痛みを伴う疾患などです。

※保険適用には医師の同意が必要です。かかりつけの医院で同意書を作成してもらいましょう。

Q7

自由診療でスポーツ鍼を受けると、費用はどれくらいかかりますか?

A

鍼灸院によって異なりますが、一般的には6000円ほどが目安です

健康保険で治療できる症状以外は、自由診療になります。自由診療の場合、費用は鍼灸院や施術内容によって異なりますが、一般的には1回6000円程度というところが多くなっています。具体的な費用について知りたいときは、各鍼灸院に問い合わせをしてください。

Q8

鍼の効果が感じられないときは、中止するべき?

A

鍼灸師とよく相談し、判断しましょう

スポーツ障害での鍼治療は即効性が期待できることも特徴です。痛みが完全に消失しなくても、痛みが軽くなった、身体を動かしやすくなったなどの感覚があれば効果は現れています。また身体を全体的に改善に導くなど施術の目的・内容によっては、効果を実感できるまでに時間がかかることもあります。鍼灸師に施術後の感覚をしっかり伝えて相談しながら、治療を継続するか否かを判断しましょう。

Epilogue

２０２１年夏、東京オリンピック・パラリンピックという世界最大級のスポーツイベント開催に向け、出場するアスリートたちにも注目が集まっています。そのまたとない機会に、「スポーツ鍼」の魅力をより多くの方々に知っていただきたいという思いから今回、本書を制作するに至りました。

オリンピック・パラリンピック選手の中には、鍼治療を取り入れた身体のコンディションづくりを行っている選手もいます。そうしたシーンで活動する鍼灸師の施術を本書で具体的に紹介することで、一般のスポーツに親しむ方々が自分自身の身体のメンテナンスやご家族の体調管理に、「鍼」という選択肢があることを知っていただくことができたのであれば、嬉しく思います。

従来は、西洋医学と東洋医学との区分がはっきり分かれていましたが、徐々に日本を含め世界中で西洋医学と東洋医学を組み合わせた「統合医療」が注目されています。ＱＯＬ（生活の質）を考えた医療を提供し、その人にとって最善の医療やボディケアを受けられるようになることを願っています。

身体を整えてスポーツを楽しむのはもちろん、スポーツ以外の生活の中でも体調管理を万全にして、老若男女が楽しく充実した人生を送るために、「鍼」というものがより多くの方のお役に立てるよう、私たちもさらに力を尽くしていきたい所存です。

２０２１年４月　稲葉 巧

著者プロフィール

稲葉 巧(いなば たくみ)

セイリン株式会社 代表取締役社長

1962年生まれ、静岡市清水区（旧清水市）出身。

1987年セイリン化成株式会社（現・セイリン株式会社）へ就職。生産部へ配属され、鍼体となるステンレスワイヤーの直線加工や、鍼先の品質向上に携わる。その後総務部、生産部門長を経て現職。アスリートにとどまらず、スポーツを楽しむ老若男女にも鍼灸の効果を伝え、日々の身体の不調の改善、コンディションづくりに鍼を取り入れてもらうべく、尽力している。

セイリン株式会社

1978年に創業した当初より、感染症を防ぐディスポーザブル（使い捨て）鍼の研究に取り組み、世界ではじめてディスポーザブル鍼の開発・製造に成功した。「患者さんにとって痛みが少なく、安全であること」、「鍼灸師の先生方にとって安全で施術しやすい鍼であること」を重視し、こだわりを貫いた独自設計と徹底した品質管理による国内一貫生産を行っている。現在国内トップシェアを誇り、30カ国以上の医療やスポーツの現場でセイリンの鍼が使われており、「鍼」を通じて多くのアスリートたちの日々の身体のメンテナンスや、パフォーマンスの向上を支えている。

監修者プロフィール

牧野竜太（まきの りゅうた）
株式会社QOOL 代表取締役

鍼灸あん摩マッサージ指圧師・メンタルケア心理士
2012年ダイハツ女子陸上部所属木﨑良子選手のパーソナルトレーナーとしてロンドンオリンピック女子マラソンに帯同。その後も同チーム選手の世界選手権・アジア大会など、数々の国際大会に帯同。2018年株式会社QOOLを設立。多数の実業団陸上部の他、柔道・プロ野球・レスリングなど、様々な種目の選手に対して、スポーツ鍼灸やマッサージでコンディショニング調整を行っている。

本文デザイン　福田明日実（yd）
写真　岡本 俊（まきうらオフィス）
ヘア&メイク　イワタユイナ
スタイリスト　眞鍋かんな
モデル　YOOKI

衣装　1.スイムウェア¥6,000/speedo
（ゴールドウイン カスタマーサービスセンター）

2.（グリーン×シルバーのコーデ）
ノースリーブトップス¥5,900、ショーツ¥8,400、黒 レギンス（スイムウェア）¥8,900/
すべてspeedo（ゴールドウイン カスタマーサービスセンター）
黒 トレーニングシューズ¥9,800/PUMA（PUMAお客様サービス）

3.（オレンジ×黒のコーデ）
トップス¥4,500、ショーツ¥4,000、レギンス¥4,300、
トレーニングシューズ¥9,800/すべてPUMA（PUMAお客様サービス）

◇SHOPLIST◇
・株式会社ゴールドウイン カスタマーサービスセンター0120-307-560
・PUMAお客様サービス0120-125-150

本書についての
ご意見・ご感想はコチラ

最強"バネ筋"を手に入れる
「スポーツ鍼」入門

2021年 5月 28日　第1刷発行

著者　稲葉 巧
発行人　久保田貴幸

発行元　株式会社 幻冬舎メディアコンサルティング
〒151-0051　東京都渋谷区千駄ヶ谷4-9-7
電話　03-5411-6440(編集)

発売元　株式会社 幻冬舎
〒151-0051　東京都渋谷区千駄ヶ谷4-9-7
電話　03-5411-6222(営業)

印刷・製本　瞬報社写真印刷株式会社
装丁　松崎 理(yd)

検印廃止

Printed in Japan
ISBN 978-4-344-92806-0 C0075
幻冬舎メディアコンサルティングHP
http://www.gentosha-mc.com/